根据中央办公厅、国务院办公厅印发的《关于实行国家
关"谁执法谁普法"普法责任制的意见》最新精神编写

国土资源管理
法律知识读本

中国社会科学院法学研究所法治宣传教育与公法研究中心◎组织编写

（修订版）

总顾问：张苏军　　总主编：陈泽宪

本册主编：王乐兵　朱自清　赵　波

以案释法版

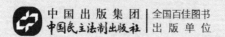

中国出版集团　｜全国百佳图书
中国民主法制出版社　｜出版单位

图书在版编目（CIP）数据

国土资源管理法律知识读本：以案释法版 / 中国社会科学院法学研究所法治宣传教育与公法研究中心组织编写. --北京：中国民主法制出版社，2016.11（2018.1重印）

（谁执法谁普法系列丛书）

ISBN 978-7-5162-1371-1

Ⅰ.①国… Ⅱ.①中… Ⅲ.①国土资源－资源管理－法规－基本知识－中国 Ⅳ.①D922.334

中国版本图书馆CIP数据核字（2016）第280211号

所有权利保留。

未经许可，不得以任何方式使用。

责任编辑 / 刘佳迪
装帧设计 / 郑文娟

书　　名 / 国土资源管理法律知识读本（以案释法版）
作　　者 / 王乐兵　朱自清　赵　波
出版·发行 / 中国民主法制出版社
社　　址 / 北京市丰台区右安门外玉林里7号（100069）
电　　话 / 010-62155988
传　　真 / 010-62151293
经　　销 / 新华书店
开　　本 / 16开　710mm×1000mm
印　　张 / 8
字　　数 / 141千字
版　　本 / 2017年1月第1版　2018年1月第2次印刷
印　　刷 / 北京精乐翔印刷有限公司

书　　号 / ISBN 978-7-5162-1371-1
定　　价 / 28.00元
出版声明 / 版权所有，侵权必究。

丛书编委会名单

总　顾　问：张苏军

主　　　任：李　林　　刘海涛

委　　　员：李　林　　陈　甦　　陈泽宪　　孙宪忠　　刘作翔　　李明德

王敏远　　周汉华　　邹海林　　莫纪宏　　田　禾　　熊秋红

张　生　　沈　涓　　刘海涛　　赵卜慧　　陈百顺　　沙崇凡

艾其来　　吴丽华　　宋玉珍　　陈禄强

办公室主任：莫纪宏　　陈百顺

办公室成员：谢增毅　　廖　凡　　李　忠　　李洪雷　　陈欣新　　陈根发

翟国强　　刘小妹　　李　霞　　戴瑞君　　聂秀时　　严月仙

杨　文　　邢金玲　　陈　希　　刘　静　　陈　黎　　王晓雯

崔曼曼　　修文龙　　段继鹏　　黄筱婷　　龚　燕　　陈　娟

胡　迪　　胡俊平　　赵　波　　王保东　　吴　慧　　陶　聪

罗　卉　　刘东迎　　侯　瑞　　王妙妙　　陈　政　　陈楼心

陈明路　　高　杰　　宋效涛　　廖家霞　　杨晓辉　　赵冬波

罗春花　　王建华　　李长涛　　胡开磊　　张宏瀚　　郑文娟

张照雷　　闫　月　　史　荣　　张凤彬

总　序

搞好法治宣传教育
营造良好法治氛围

全面推进依法治国，是夺取新时代中国特色社会主义伟大胜利，努力建设法治中国的必然要求和重要保障，事关党执政兴国、人民幸福安康、国家长治久安。

我们党长期重视依法治国，特别是党的十八大以来，以习近平同志为核心的党中央对全面依法治国作出了重要部署，对法治宣传教育提出了新的更高要求，明确了法治宣传教育的基本定位、重大任务和重要措施。党的十九大明确提出，"加大全民普法力度，建设社会主义法治文化，树立宪法法律至上、法律面前人人平等的法治理念"。习近平同志多次强调，领导干部要做尊法学法守法用法的模范。法治宣传教育要创新形式、注重实效，为我们做好工作提供了根本遵循。

当前，我国正处于全面建成小康社会的决胜阶段，依法治国在党和国家工作全局中的地位更加突出，严格执法、公正司法的要求越来越高，维护社会公平正义的责任越来越大。按照全面依法治国新要求，深入开展法治宣传教育，充分发挥法治宣传教育在全面依法治国中的基础作用，推动全社会树立法治意识，为"十三五"时期经济社会发展营造良好法治环境，为实现"两个一百年"奋斗目标和中华民族伟大复兴的中国梦作出新贡献，责任重大、意义重大。

为深入贯彻党的十八大和十八届历次全会、十九大和十九届一中全会精神和习近平新时代中国特色社会主义思想，深入扎实地做好"七五"普法工作，中国社会科学院法学研究所联合中国民主法制出版社，经过反复研究、精心准备，特组织国内从事法律教学、研究和实务的专家学者，在新一轮的五年普法规划实施期间，郑重推出"全面推进依法治国精品书库（六大系列）"，即《全国"七五"普法系列教材（以案释法版，24种）》《青少年法治教育系列教材（法治实践版，30种）》《新时期法治宣传教育工作理论与实务丛书（30种）》《"谁执法谁普法"系列丛书（以案释法版，80种）》《"七五"普法书架——以案释法系列丛书（60种）》和《"谁执法谁普法"系列宣传册（漫画故事版，100种）》。

其中"谁执法谁普法，谁主管谁负责"工作是一项涉及面广、工作要求高的系统工程。它以法律所调整的不同社会关系为基础，以行业监管或主管所涉及的法律法规为主体，充分发挥行业优势和主导作用，在抓好部门、行业内部法治宣传教育的同时，面向普法对象，普及该专属领域所涉及的法律法规的一种创新性普法方式。

实行"谁执法谁普法，谁主管谁负责"是贯彻落实中央精神，贯彻实施"七五"普法规划，贯彻落实中办、国办印发的《关于实行国家机关"谁执法谁普法"普法责任制的意见》，深入推进新一轮全国法治宣传教育活动的重要举措。这一重要举措的切实实施，有利于充分发挥执法部门、行业主管的职能优势和主导作用，扩大普法依法治理工作覆盖面，增强法治宣传教育的针对性、专业性，促进执法与普法工作的有机结合，有利于各部门、各行业分工负责、各司其职、齐抓共管的大普法工作格局的形成。

为了深入扎实地做好"谁执法谁普法，谁主管谁负责"工作，我们组织编写了这套《"谁执法谁普法"系列丛书（以案释法版，80种）》。该丛书内容包括全面推进依法治国重大战略布局、宪法、行政法以及行业管理所涉及的法律法规制度。全书采取宣讲要点、以案释法的形式，紧紧围绕普法宣传的重点、法律规定的要点、群众关注的焦点、社会关注的热点、司法实践的难点，结合普法学习、法律运用和司法实践进行全面阐释，深入浅出，通俗易懂，具有较强的实用性和操作性，对于提高行业行政执法和业务管理人员能力水平，增强管理对象的法治意识具有积极意义。

衷心希望丛书的出版，能够为深入推进行业普法起到应有作用，更好地营造尊法学法守法用法的良好氛围。

本书编委会
2018年1月

目　录

第一章

全面推进依法治国的重大战略布局

　　依法治国，就是广大人民群众在党的领导下，依照宪法和法律规定，通过法定形式管理国家事务，管理经济文化事业，管理社会事务，保证国家各项工作都依法进行，逐步实现民主制度化、法律化，建设社会主义法治国家。全面推进依法治国，是我们党从坚持和发展中国特色社会主义，实现国家治理体系和治理能力现代化，提高党的执政能力和执政水平出发，总结历史经验、顺应人民愿望和时代发展要求作出的重大战略布局。全面推进依法治国，必须坚持中国共产党的领导，坚持人民主体地位、坚持法律面前人人平等，坚持依法治国和以德治国相结合，坚持从中国实际出发。坚持依法治国、依法执政、依法行政共同推进，坚持法治国家、法治政府、法治社会一体建设，实现科学立法、严格执法、公正司法、全民守法，促进国家治理体系和治理能力现代化。

第一节　全面推进依法治国方略

　　依法治国，从根本上讲，就是广大人民群众在党的领导下，依照宪法和法律规定，通过法定形式管理国家事务、管理经济文化事业、管理社会事务，保证国家各项工作都依法进行，逐步实现民主制度化、法律化，建设社会主义法治国家。

一、全面推进依法治国的形成与发展过程

　　全面推进依法治国的提出，是对我们党严格执法执纪优良传统作风的传承，是对党的十五大报告提出的"依法治国，建设社会主义法治国家"的深化。历史地看，我们党依法治国基本方略的形成和发展，经历了一个长期的探索发展过程。早在革

命战争年代，我党领导下的革命根据地红色政权就陆续制定和颁布过《中华苏维埃共和国宪法大纲》《中国土地法大纲》《陕甘宁边区施政纲领》等一系列法律制度规定，为新生红色政权的依法产生和依法办事，为调动一切抗日力量抵御外来侵略者，为解放全中国提供了宪法性依据和法律遵循。遵守法纪、依法办事成为这一时期党政工作的一大特色。尽管从总体上看，为适应战时需要，当时主要实行的还是政策为主、法律为辅，但在战争年代，尤其是军事力量对比实力悬殊的情况下，我们党依然能够在革命根据地和解放区坚持探索和实践法制建设，充分显示了一个无产阶级政党领导人民翻身解放、当家作主的博大胸怀。1949年中华人民共和国成立，开启了中国法治建设的新纪元。从1949年到20世纪50年代中期，是中国社会主义法制的初创时期。这一时期中国制定了具有临时宪法性质的《中国人民政治协商会议共同纲领》和其他一系列法律、法令，对巩固新生的共和国政权，维护社会秩序和恢复国民经济，起到了重要作用。1954年第一届全国人民代表大会第一次会议制定的《中华人民共和国宪法》以及随后制定的有关法律，规定了国家的政治制度、经济制度和公民的权利与自由，规范了国家机关的组织和职权，确立了国家法制的基本原则，初步奠定了中国法治建设的基础。20世纪50年代后期至70年代初，特别是"文化大革命"的十年，中国社会主义法制遭到严重破坏。20世纪70年代末，中国共产党总结历史经验，特别是汲取"文化大革命"的惨痛教训，作出把"党和国家的工作重心转移到社会主义现代化建设上来"的重大决策，实行改革开放政策，明确了一定要靠法制治理国家的原则。为了保障人民民主，必须加强社会主义法制，使民主制度化、法律化，使这种制度和法律具有稳定性、连续性和权威性，使之不因领导人的改变而改变，不因领导人的看法和注意力的改变而改变，做到有法可依，有法必依，执法必严，违法必究，成为改革开放新时期法治建设的基本理念。在发展社会主义民主、健全社会主义法制的基本方针指引下，现行宪法以及刑法、刑事诉讼法、民事诉讼法、民法通则、行政诉讼法等一批基本法律出台，中国的法治建设进入了全新发展阶段。20世纪90年代，中国开始全面推进社会主义市场经济建设，由此进一步奠定了法治建设的经济基础，法治建设面临新的更高要求。1997年召开的中国共产党第十五次全国代表大会，将"依法治国"确立为治国基本方略，将"建设社会主义法治国家"确定为社会主义现代化的重要目标，并提出了建设中国特色社会主义法律体系的重大任务。1999年修宪，"中华人民共和国实行依法治国，建设社会主义法治国家"载入宪法，中国的法治建设开启了新篇章。进入21世纪，中国的法治建设继续向前推进。2002年召开的中国共产党第十六次全国代表大会，将"社会主义民主更加完善，社会主义法制更加完备，依法治国基本方略得到全面落实"作为全面建设小康社会的重要目标。2004年修宪，"国家尊重和保障人权"载入宪法。2007年召开的中国共产党第十七次全国代表大会，明确提出全面落实依法治国基本方略，加快建设社会主义法治国家，并对加强社会主义法治建设作出了全面部署。2012年中共十八大召开以来，党中央高度重视依法治国。2014年10月，十八届四中全会专门作出《中共中央关于全面推进依法治国若干重大问题的决定》，描绘了全面推进依法治国的总蓝图、路线图、施工图，标志着依法治国按下了"快进键"、进入了"快车道"，对我国社会主义法治建设具有里程碑意义。在新的历史起点上，我们党更加重视全面依法治国和社会主义法治建设，强调落实依法治国基本方略，加快建设社会主义法治国家，全面推进科学立法、严格执法、公正司法、全民守法进程，强调坚持党的领导，更加注重改进党的领导方式和执政方式；依法治国，首先是依宪治国；依法执政，关键是依宪执政；新形势下，我们党要履行好执政兴国的重大职责，必须依据党章从严治党、依据宪法治国理政；党领导人民制定宪法和法律，党领导人民执行宪法和法律，党自身必须在宪法和法律范围内活动，真正做到党领导立法、保证执法、带头守法。当前，我国全面建成小康社会进入决定性阶段，改革进入攻坚期和深水区。我们党面临的改革发展稳定任务之重前所未有、矛盾风险挑战之多前所未有，依法治国在党和国家工作全局中的地位更加突出、作用更加重大。全面推进依法治国是关系我们党执政兴国、关系人民幸福安康、关系党和国家长治久安的重大战略问题，是完善和发展中国特色社会主义制度、推进国家治理体系和治理能力现代化的重要方面。我们要实现党的十八大和十八届三中、四中、五中全会作出的一系列战略部署，全面建成小康社会、实现中华民族伟大复兴的中国梦，全面深化改革、完善和发展中国特色社会主义制度，就必须在全面推进依法治国上作出总体部署、采取切实措施、迈出坚实步伐。

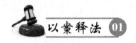 **以案释法 01**

严格依法办事、坚持从严治党

2015年5月22日，天津市第一中级人民法院鉴于周永康案中一些犯罪事实证据涉及国家秘密，依法对周永康案进行不公开审理。天津市第一中级人民法院经审理认为，周永康受贿数额特别巨大，但其归案后能如实供述自己的罪行，认罪悔罪，绝大部分贿赂系其亲属收受且其系事后知情，案发后主动要求亲属退赃且受贿款物全部追缴，具有法定、酌定从轻处罚情节；滥用职权，犯罪情节特别严重；故意泄露国家秘密，犯罪情节特别严重，但未造成特别严重的后果。根据周永康犯罪的事实、性质、情节和对于社会的危害程度，天津市第一中级人民法院于2015年6月11日宣判，周永康犯受贿罪，判处无期徒刑，剥夺政治权利终身，并处没收个人财产；犯滥用职权罪，判处有期徒刑七年；犯故意泄露国家秘密罪，判处有期徒刑四年，三罪并罚，决定执行无期徒刑，剥夺政治权利终身，并处没收个人财产。周永康在庭审最后陈述时说："我接受检方指控，基本事实清楚，我表示认罪悔罪；有关人员对我家人的贿赂，实际上是冲着我的权力来的，我应负主要责任；自己不断为私情而违法违纪，违法犯罪的事实是客观存在的，给党和国家造成了重大损失；对我问题的依纪依法处理，体现了中国共产党全面从严治党、全面依法治国的决心。"

释解

周永康一案涉及新中国成立以来第一例因贪腐被中纪委立案审查的正国级领导干部。周永康的落马充分反映了我们党全面从严治党、全面依法治国的坚定决心。说明反腐没有"天花板"，无论任何人，不管位有多高，权有多大，只要违法乱纪，一样要严惩不贷。周永康一案的宣判表明，无论是位高权重之人，还是基层党员干部，都应始终敬畏党纪、敬畏国法，不以权谋私，切忌把权力当成自家的"后花园"。通过办案机关依法办案、文明执法，讲事实、讲道理，周永康也认识到自己违法犯罪的事实给党的事业造成的损失，给社会造成了严重影响，并多次表示认罪悔罪。综观周永康一案从侦办、审理到宣判，整个过程都坚持依法按程序办案，很好地体现了"以法治思维和法治方式反对腐败"的基本理念。这充分说明，我们党敢于直面问题、纠正错误，勇于从严治党、依法治国。周永康案件再次表明，党纪国法绝不是"橡皮泥""稻草人"，无论是因为"法盲"导致违纪违法，还是故意违规违法，都要受到追究，否则就会形成"破窗效应"。法治之下，任何人都不能心存侥幸，也不能指望法外施恩，没有免罪的"丹书铁券"，也没有"铁帽子王"。

二、十九大报告关于依法治国的重要论述

党的十九大的胜利召开，提出了新时代中国特色社会主义思想，明确全面深化改革总目标是完善和发展中国特色社会主义制度、推进国家治理体系和治理能力现代化；明确全面推进依法治国总目标是建设中国特色社会主义法治体系、建设社会主义法治国家，标志着依法治国迈入了新时代。

十九大报告指出，为贯彻十八大精神，党中央召开七次全会，分别就政府机构改革和职能转变、全面深化改革、全面推进依法治国、制定"十三五"规划、全面从严治党等重大问题作出决定和部署。五年来，我们统筹推进"五位一体"总体布局、协调推进"四个全面"战略布局，"十二五"规划胜利完成，"十三五"规划顺利实施，党和国家事业全面开创新局面。

（一）坚持全面依法治国

全面依法治国是中国特色社会主义的本质要求和重要保障。必须把党的领导贯彻落实到依法治国全过程和各方面，坚定不移走中国特色社会主义法治道路，完善以宪法为核心的中国特色社会主义法律体系，建设中国特色社会主义法治体系，建设社会主义法治国家，发展中国特色社会主义法治理论，坚持依法治国、依法执政、依法行政共同推进，坚持法治国家、法治政府、法治社会一体建设，坚持依法治国和以德治国相结合，依法治国和依规治党有机统一，深化司法体制改革，提高全民族法治素养和道德素质。

（二）深化依法治国实践

全面依法治国是国家治理的一场深刻革命，必须坚持厉行法治，推进科学立法、严格执法、公正司法、全民守法。成立中央全面依法治国领导小组，加强对法治中国建设的统一领导。加强宪法实施和监督，推进合宪性审查工作，维护宪法权威。推进科学立法、民主立法、依法立法，以良法促进发展、保障善治。建设法治政府，推进依法行政，严格规范公正文明执法。深化司法体制综合配套改革，全面落实司法责任制，努力让人民群众在每一个司法案件中感受到公平正义。加大全民普法力度，建设社会主义法治文化，树立宪法法律至上、法律面前人人平等的法治理念。各级党组织和全体党员要带头尊法学法守法用法，任何组织和个人都不得有超越宪法法律的特权，绝不允许以言代法、以权压法、逐利违法、徇私枉法。

三、全面推进依法治国必须坚持的基本原则

全面推进依法治国是一项系统工程，是国家治理领域一场广泛而深刻的革命，需要付出长期艰苦努力，这一过程中，既要避免不作为，又要防范乱作为。为此，党的十八届四中全会明确提出了全面推进依法治国必须要坚持的基本原则，即坚持中国共产党的领导，坚持人民主体地位，坚持法律面前人人平等，坚持依法治国和以德治国相结合，坚持从中国实际出发。

（一）党的领导原则

党的领导是中国特色社会主义最本质的特征，是社会主义法治最根本的保证。把党的领导贯彻到依法治国全过程和各方面，是我国社会主义法治建设的一条基本经验。我国宪法确立了中国共产党的领导地位。坚持党的领导，是社会主义法治的根本要求，是党和国家的根本所在、命脉所在，是全国各族人民的利益所系、幸福所系。实践证明，只有把依法治国基本方略的贯彻实施同依法执政的基本方式统一起来，把党领导立法、保证执法、支持司法、带头守法统一起来，把党总揽全局、协调各方同人大、政府、政协、审判机关、检察机关依法依章程履行职能、开展工作统一起来，把党领导人民制定和实施宪法法律同党坚持在宪法法律范围内活动统一起来，才能确保法治中国的建设有序推进、深入开展。

（二）人民主体原则

在我国，人民是依法治国的主体和力量源泉，法治建设以保障人民根本权益为出发点和落脚点。法治建设的宗旨是为了人民、依靠人民、保护人民、造福人民。

因此，全面推进依法治国，必须要保证人民依法享有广泛的权利和自由、承担应尽的义务，维护社会公平正义，促进共同富裕。全面推进依法治国，就是为了更好地实现人民在党的领导下，依照法律规定，通过各种途径和形式管理国家事务，管理经济文化事业，管理社会事务。法律既是保障公民权利的有力武器，也是全体公民必须一体遵循的行为规范，因此全面推行依法治国，必须要坚持人民主体原则，切实增强全社会学法尊法守法用法意识，使法律为人民所掌握、所遵守、所运用。

（三）法律面前人人平等原则

平等是社会主义法律的基本属性。法律面前人人平等，要求任何组织和个人都必须尊重宪法法律权威，都必须在宪法法律范围内活动，都必须依照宪法法律行使权力或权利、履行职责或义务，都不得有超越宪法法律的特权。全面推行依法治国，必须维护国家法制统一、尊严和权威，切实保证宪法法律有效实施，任何人都不得以任何借口任何形式以言代法、以权压法、徇私枉法。必须规范和约束公权力，加大监督力度，做到有权必有责、用权受监督、违法必追究。坚决纠正有法不依、执法不严、违法不究行为。

（四）依法治国和以德治国相结合原则

法律和道德同为社会行为规范，在支撑社会交往、维护社会稳定、促进社会发展方面，发挥着各自不同的且不可替代的交互作用，国家和社会治理离不开法律和道德共同发挥作用。全面推进依法治国，必须要既重视发挥法律的规范作用，又重视发挥道德的教化作用，要坚持一手抓法治、一手抓德治，大力弘扬社会主义核心价值观，弘扬中华传统美德，培育社会公德、职业道德、家庭美德、个人品德。法治要体现道德理念、强化对道德建设的促进作用，道德要滋养法治精神、强化对法治文化的支撑作用，以实现法律和道德相辅相成、法治和德治相得益彰。

（五）从实际出发原则

全面推进依法治国是中国特色社会主义道路、理论、制度实践的必然选择。建设法治中国，必须要从我国基本国情出发，同改革开放不断深化相适应，总结和运用党领导人民实行法治的成功经验，围绕社会主义法治建设重大理论和实践问题，深入开展法治建设，推进法治理论创新。

四、全面推进依法治国的总体要求

十八届四中全会是我党历史上第一次通过全会的形式专题研究部署、全面推进依法治国问题。全会在对全面推进依法治国的重要意义、重大作用、指导思想和基本原则作了系统阐述的基础上，站在总揽全局、协调各方的高度，对全面推进依法治国进程中的人大、政府、政协、审判、检察等各项工作提出了工作要求。

（一）加强立法工作，完善中国特色社会主义法律体系建设和以宪法为核心的法律制度实施

1.建设中国特色社会主义法治体系，坚持立法先行，发挥立法的引领和推动作用，抓住提高立法质量这个关键

立法工作要恪守以民为本、立法为民理念，贯彻社会主义核心价值观，要符合宪法精神、反映人民意志、得到人民拥护。要把公正、公平、公开原则贯穿立法全过程，完善立法体制机制，坚持立改废释并举，增强法律法规的及时性、系统性、针对性、有效性。坚持依法治国，首先要坚持依宪治国、坚持依宪执政。一切违反宪法的行为都必须予以追究和纠正。为了强化宪法意识，党和国家还确定，每年12月4日定为国家宪法日。在全社会普遍开展宪法教育，弘扬宪法精神。建立宪法宣誓制度，凡经人大及其常委会选举或者决定任命的国家工作人员正式就职时公开向宪法宣誓。

2.完善党对立法工作中重大问题决策的程序

凡立法涉及重大体制和重大政策调整的，必须报党中央讨论决定。党中央向全国人大提出宪法修改建议，依照宪法规定的程序进行宪法修改。法律制定和修改的重大问题由全国人大常委会党组向党中央报告。健全有立法权的人大主导立法工作的体制机制。建立由全国人大相关专门委员会、全国人大常委会法制工作委员会组织有关部门参与起草综合性、全局性、基础性等重要法律草案制度。增加有法治实践经验的专职常委比例。依法建立健全专门委员会、工作委员会立法专家顾问制度。加强和改进政府立法制度建设，完善行政法规、规章制定程序，完善公众参与政府立法机制。重要行政管理法律法规由政府法制机构组织起草。明确立法权力边界，从体制机制和工作程序上有效防止部门利益和地方保护主义法律化。明确地方立法权限和范围，依法赋予设区的市地方立法权。

3.深入推进科学立法、民主立法

加强人大对立法工作的组织协调，健全立法起草、论证、协调、审议机制，健全向下级人大征询立法意见机制，建立基层立法联系点制度，推进立法精细化。更多发挥人大代表参与起草和修改法律的作用。充分发挥政协委员、民主党派、工商联、无党派人士、人民团体、社会组织在立法协商中的作用，拓宽公民有序参与立法途径，广泛凝聚社会共识。

4.加强重点领域立法

依法保障公民权利，加快完善体现权利公平、机会公平、规则公平的法律制度，保障公民人身权、财产权、基本政治权利等各项权利不受侵犯，保障公民经济、文化、社会等各方面权利得到落实，实现公民权利保障法治化。增强全社会尊重和保障人权意识，健全公民权利救济渠道和方式。

（二）深入推进依法行政，加快建设法治政府

各级政府必须坚持在党的领导下、在法治轨道上开展工作，创新执法体制，完善执法程序，推进综合执法，严格执法责任，建立权责统一、权威高效的依法行政体制，加快建设职能科学、权责法定、执法严明、公开公正、廉洁高效、守法诚信的法治政府。

1.依法全面履行政府职能

完善行政组织和行政程序法律制度，推进机构、职能、权限、程序、责任法定，行政机关要坚持法定职责必须为、法无授权不可为，勇于负责、敢于担当，坚决纠正不作为、乱作为，坚决克服懒政、怠政，坚决惩处失职、渎职。行政机关不得法外设定权力，没有法律法规依据不得作出减损公民、法人和其他组织合法权益或者增加其义务的决定。

2.健全依法决策机制

把公众参与、专家论证、风险评估、合法性审查、集体讨论决定确定为重大行政决策作出的法定程序，确保决策制度科学、程序正当、过程公开、责任明确。建立重大决策终身责任追究制度及责任倒查机制，对决策严重失误或者依法应该及时作出决策但久拖不决造成重大损失、恶劣影响的，严格追究行政首长、负有责任的其他领导人员和相关责任人员的法律责任。

3.深化行政执法体制改革

根据不同层级政府的事权和职能，按照减少层次、整合队伍、提高效率的原则，合理配置执法力量。推进综合执法，大幅减少市县两级政府执法队伍种类，重点在食品药品安全、工商质检、公共卫生、安全生产、文化旅游、资源环境、农林水利、交通运输、城乡建设、海洋渔业等领域内推行综合执法，有条件的领域可以推行跨部门综合执法；严格实行行政执法人员持证上岗和资格管理制度，未通过执法资格考试，不得授予执法资格，不得从事执法活动。严格执行罚缴分离和收支两条线管理制度，严禁收费罚没收入同部门利益直接或者变相挂钩。

4.坚持严格规范公正文明执法

依法惩处各类违法行为，加大关系群众切身利益的重点领域执法力度。完善执法程序，建立执法全过程记录制度。明确具体操作流程，重点规范行政许可、行政处罚、行政强制、行政征收、行政收费、行政检查等执法行为。严格执行重大执法决定法制审核制度。全面落实行政执法责任制，严格确定不同部门及机构、岗位执法人员执法责任和责任追究机制，加强执法监督，坚决排除对执法活动的干预，防止和克服地方和部门保护主义，惩治执法腐败现象。

5.强化对行政权力的制约和监督

加强党内监督、人大监督、民主监督、行政监督、司法监督、审计监督、社会

监督、舆论监督制度建设，努力形成科学有效的权力运行制约和监督体系，增强监督合力和实效。加强对政府内部权力的制约，对财政资金分配使用、国有资产监管、政府投资、政府采购、公共资源转让、公共工程建设等权力集中的部门和岗位实行分事行权、分岗设权、分级授权，定期轮岗，强化内部流程控制，防止权力滥用。改进上级机关对下级机关的监督，建立常态化监督制度。完善纠错问责机制，健全责令公开道歉、停职检查、引咎辞职、责令辞职、罢免等问责方式和程序。完善审计制度，保障依法独立行使审计监督权。对公共资金、国有资产、国有资源和领导干部履行经济责任情况实行审计全覆盖。

6. 全面推进政务公开

坚持以公开为常态、不公开为例外原则，推进决策公开、执行公开、管理公开、服务公开、结果公开。各级政府及其工作部门依据权力清单，向社会全面公开政府职能、法律依据、实施主体、职责权限、管理流程、监督方式等事项。重点推进财政预算、公共资源配置、重大建设项目批准和实施、社会公益事业建设等领域的政府信息公开。涉及公民、法人或其他组织权利和义务的规范性文件，按照政府信息公开要求和程序予以公布。推行行政执法公示制度。推进政务公开信息化，加强互联网政务信息数据服务平台和便民服务平台建设。

（三）保证公正司法，提高司法公信力

必须完善司法管理体制和司法权力运行机制，规范司法行为，加强对司法活动的监督，努力让人民群众在每一个司法案件中感受到公平正义。

1. 完善确保依法独立公正行使审判权和检察权的制度

建立领导干部干预司法活动、插手具体案件处理的记录、通报和责任追究制度。任何党政机关和领导干部都不得让司法机关做违反法定职责、有碍司法公正的事情，任何司法机关都必须执行党政机关和领导干部不得违法干预司法活动的要求。对干预司法机关办案的，给予党纪政纪处分；造成冤假错案或者其他严重后果的，依法追究刑事责任。

2. 优化司法职权配置

健全公安机关、检察机关、审判机关、司法行政机关各司其职，侦查权、检察权、审判权、执行权相互配合和制约的体制机制。完善审级制度，一审重在解决事实认定和法律适用，二审重在解决事实法律争议、实现二审终审，再审重在依法纠错、维护裁判权威；建立司法机关内部人员过问案件的记录制度和责任追究制度。完善主审法官、合议庭、主任检察官、主办侦查员办案责任制，落实谁办案谁负责。

3. 推进严格司法

健全事实认定符合客观真相、办案结果符合实体公正、办案过程符合程序公正的法律制度。加强和规范司法解释和案例指导，统一法律适用标准。全面贯彻证据裁判规则，严格依法收集、固定、保存、审查、运用证据，完善证人、鉴定人出庭制度，保证庭审在查明事实、认定证据、保护诉权、公正裁判中发挥决定性作用。明确各类司法人员工作职责、工作流程、工作标准，实行办案质量终身负责制和错案责任倒查问责制，确保案件处理经得起法律和历史检验。

4. 保障人民群众参与司法

坚持人民司法为人民，依靠人民推进公正司法，通过公正司法维护人民权益。在司法调解、司法听证、涉诉信访等司法活动中保障人民群众参与。推进审判公开、检务公开、警务公开、狱务公开，依法及时公开执法司法依据、程序、流程、结果和生效法律文书，杜绝暗箱操作。

5. 加强人权司法保障

强化诉讼过程中当事人和其他诉讼参与人的知情权、陈述权、辩护辩论权、申请权、申诉权的制度保障。健全落实罪刑法定、疑罪从无、非法证据排除等法律原则的法律制度。完善对限制人身自由司法措施和侦查手段的司法监督，加强对刑讯逼供和非法取证的源头预防，健全冤假错案有效防范、及时纠正机制。

6. 加强对司法活动的监督

完善检察机关行使监督权的法律制度，加强对刑事诉讼、民事诉讼、行政诉讼的法律监督。完善人民监督员制度，重点监督检察机关查办职务犯罪的立案、羁押、扣押和冻结财物、起诉等环节的执法活动。依法规范司法人员与当事人、律师、特殊关系人、中介组织的接触、交往行为。严禁司法人员私下接触当事人及律师、泄露或者为其打探案情、接受吃请或者收受其财物、为律师介绍代理和辩护业务等违法违纪行为，坚决惩治司法掮客行为，防止利益输送。

（四）增强全民法治观念，推进法治社会建设

弘扬社会主义法治精神，建设社会主义法治文化，增强全社会厉行法治的积极性和主动性，形成守法光荣、违法可耻的社会氛围，使全体人民都成为社会主义法治的忠实崇尚者、自觉遵守者、坚定捍卫者。

1. 推动全社会树立法治意识

坚持把全民普法和守法作为依法治国的长期基础性工作，深入开展法治宣传教育，引导全民自觉守法、遇事找法、解决问题靠法。坚持把领导干部带头学法、模范守法作为树立法治意识的关键，完善国家工作人员学法用法制度，把法治教育纳入国民教育体系，从青少年抓起，在中小学设立法治知识课程。健全普法宣传教育机制，各级党委和政府要加强对普法工作的领导，宣传、文化、教育部门和人民团体要在普法教育中发挥职能作用。实行国家机关"谁执法谁普法"的普法责任制，建立法官、检察官、行政执法人员、律师等以案释法制度。把法治教育纳入精神文明创建内，开展群众性法治文化活动，健全媒体公益普法制度，加强新媒体新技术在普法中的运用，提高普法实效；加强社会诚信建设，健全公民和组织守法信用记录，完善守法诚信褒奖机制和违法失信行为惩戒机制，使尊法守法成为全体人民的共同追求和自觉行动；加强公民道德建设，弘扬中华优秀传统文化，增强法治的道德底蕴，强化规则意识，倡导契约精神，弘扬公序良俗。发挥法治在解决道德领域突出问题中的作用，引导人们自觉履行法定义务、社会责任、家庭责任。

2. 推进多层次多领域依法治理

深入开展多层次多领域法治创建活动，深化基层组织和部门、行业依法治理，支持各类社会主体自我约束、自我管理。发挥市民公约、乡规民约、行业规章、团体章程等社会规范在社会治理中的积极作用。建立健全社会组织参与社会事务、维护公共利益、救助困难群众、帮教特殊人群、预防违法犯罪的机制和制度化渠道，发挥社会组织对其成员的行为导引、规则约束、权益维护作用。

3. 建设完备的法律服务体系

完善法律援助制度，扩大援助范围，健全司法救助体系，保证人民群众在遇到法律问题或者权利受到侵害时获得及时有效的法律帮助。

4. 健全依法维权和化解纠纷机制

强化法律在维护群众权益、化解社会矛盾中的权威地位，引导和支持人们理性表达诉求、依法维护权益。建立健全社会矛盾预警机制、利益表达机制、协商沟通机制、救济救助机制，畅通群众利益协调、权益保障法律渠道。把信访纳入法治化轨道，保障合理合法诉求依照法律规定和程序就能得到合理合法的结果。健全社会矛盾纠纷预防化解机制，完善调解、仲裁、行政裁决、行政复议、诉讼等有机衔接、相互协调的多元化纠纷解决机制。完善立体化社会治安防控体系，有效防范、化解、管控影响社会安定的问题，保障人民生命财产安全。依法严厉打击暴力恐怖、涉黑犯罪、邪教和黄赌毒等违法犯罪活动，绝不允许其形成气候。依法强化危害食品药品安全、影响生产安全、损害生态环境、破坏网络安全等重点问题治理。此外，十八届四中全会还就法治工作队伍建设、党对全面推进依法治国的领导等重大问题提出了加强和改进要求。

以案释法 02

让人民群众在司法案件中感受到公平正义

欠债还钱，天经地义，支付罚息，也理所应当。但是，银行却在本金、罚息之外，另收"滞纳金"，并且还是按复利计算，结果经常导致"滞纳金"远高于本金，成了实际上的"驴打滚"。中国银行某高新技术产业开发区支行起诉信用卡欠费人沙女士，请求人民法院判令沙女士归还信用卡欠款共计375079.3元（包含本金339659.66元及利息、滞纳金共计35419.64元）。银行按每日万分之五的利率计算的利息，以及每个月高达5%的滞纳金，这就相当于年利率高达78%。受理本案的人民法院认为，根据合同法、商业银行法，我国的贷款利率是受法律限制的，最高人民法院在关于民间借贷的司法解释中明确规定：最高年利率不得超过24%，否则就算"高利贷"，不受法律保护。但问题在于，最高法的司法解释针对的是"民间高利贷"，而原告是根据中国人民银行的《银行卡业务管理办法》收取滞纳金的，该如何审理？

在我国社会主义法律体系中，宪法是国家的根本大法，处于最高位阶，一切法律、行政法规、司法解释、地方性法规和规章、自治条例和单行条例都不得与宪法规定精神相违背。依法治国首先必须依宪治国。十八届四中全会重申了宪法第五条关于"一切违反宪法和法律的行为，必须予以追究"的原则，强调要"努力让人民群众在每一个司法案件中感受到公平正义"。此案中，法官引述了宪法第三十三条第二款规定："中华人民共和国公民在法律面前一律平等。"法官认为："平等意味着对等待遇，除非存在差别对待的理由和依据。一方面，国家以贷款政策限制民间借款形成高利；另一方面，在信用卡借贷领域又形成超越民间借贷限制一倍或者几倍的利息。这显然极可能形成一种'只准州官放火，不许百姓点灯'的外在不良观感。"法官从宪法"平等权"等多个层面，提出应对法律作系统性解释，认为"商业银行错误地将相关职能部门的规定作为自身高利、高息的依据，这有违合同法及商业银行法的规定"，从而最终驳回了银行有关滞纳金的诉讼请求，仅在本金339659.66元、年利率24%的限度内予以支持。

第二节　建设中国特色社会主义法治体系

十八届四中全会提出："全面推进依法治国，总目标是建设中国特色社会主义法治体系，建设社会主义法治国家。"这是我们党的历史上第一次提出建设中国特色社会主义法治体系的新目标。从"法律体系"到"法治体系"是一个质的飞跃，是一个从静态到动态的过程，是一个从平面到立体的过程。

一、中国特色社会主义法治体系的主要内容

中国特色社会主义法治体系包括完备的法律规范体系、高效的法治实施体系、严密的法治监督体系、有力的法治保障体系、完备的党内法规体系五个子系统。

（一）完备的法律规范体系

建设中国特色社会主义法治体系，全面推进依法治国，需要充分的规范供给为全社会依法办事提供基本遵循。一方面，要加快完善法律、行政法规、地方性法规体系；另一方面，也要完善包括市民公约、乡规民约、行业规章、团体章程在内的社会规范体系。恪守原有单一的法律渊源已无法满足法治实践的需求，有必要适当扩大法律渊源，甚至可以有限制地将司法判例、交易习惯、法律原则、国际惯例作为裁判根据，以弥补法律供给的不足，同时还应当建立对法律扩大或限缩解释的规则，通过法律适用过程填补法律的积极或消极的漏洞。为了保证法律规范的质量和提升立法科学化的水平，应当进一步改善立法机关组成人员的结构，提高立法程序正当化水平，构建立法成本效益评估前置制度，建立辩论机制，优化协商制度，提升立法技术，规范立法形式，确定法律规范的实质与形式标准，设立法律规范的事前或事后的审查过滤机制，构建实施效果评估机制，完善法律修改、废止和解释制度，等等。尤其要着力提高立法过程的实质民主化水平，要畅通民意表达机制以及民意与立法的对接机制，设定立法机关组成人员联系选民的义务，规范立法机关成员与"院外"利益集团的关系，完善立法听取意见（包括听证等多种形式）、整合吸纳意见等制度，建立权力机关内部的制约协调机制，建立立法成员和立法机关接受选民和公众监督的制度，等等。

（二）高效的法治实施体系

法治实施是一个系统工程。首先，要认真研究如何使法律规范本身具有可实施性，不具有实施可能性的法律规范无疑会加大实施成本，甚至即使执法司法人员费尽心机也难以实现。因此，要特别注意法律规范的可操作性、实施资源的配套性、法律规范本身的可接受性以及法律规范自我实现的动力与能力。其次，要研究法律实施所必需的体制以及法律设施，国家必须为法律实施提供强有力的体制、设施与物质保障。再次，要认真研究法律实施所需要的执法和司法人员的素质与能力，要为法律实施所需要的素质和能力的培训与养成提供必要的条件和机制。又次，要研究法律实施的环境因素，并为法律实施创造必要的执法和司法环境。最后，要研究如何克服法律实施的阻碍和阻力，有针对性地进行程序设计、制度预防和机制阻隔，针对我国现阶段的国情，有必要把排除"人情""关系""金钱""权力"对法律实施的干扰作为重点整治内容。

（三）严密的法治监督体系

对公共权力的监督和制约，是任何法治形态的基本要义；公共权力具有二重

性，唯有法律能使其扬长避短和趋利避害；破坏法治的最大危险在一般情况下都来自公共权力；只有约束好公共权力，国民的权利和自由才可能安全实现。有效监督和制约公共权力，要在以下几个方面狠下功夫：要科学配置权力，使决策权、执行权、监督权相互制约又相互协调；要规范权力的运行，为权力的运行设定明确的范围、条件、程序和界限；要防止权力的滥用，为权力的行使设定正当目的及合理基准与要求；要严格对权力的监督，有效规范党内、人大、民主、行政、司法、审计、社会、舆论诸项监督，并充分发挥各种监督的独特作用，使违法或不正当行使权力的行为得以及时有效纠正；要健全权益恢复机制，使受公共权力侵害的私益得到及时赔偿或补偿。

（四）有力的法治保障体系

依法治国是一项十分庞大和复杂的综合性系统工程。要在较短时间内实现十八届四中全会提出的全面推进依法治国的战略目标，任务艰巨而繁重，如果缺少配套的保证体系作为支撑，恐难以持久。普遍建立法律顾问制度。完善规范性文件、重大决策合法性审查机制。建立科学的法治建设指标体系和考核标准。健全法规、规章、规范性文件备案审查制度。健全社会普法教育机制，增强全民法治观念。逐步增加有地方立法权的较大的市的数量。深化行政执法体制改革。完善行政执法程序，规范执法自由裁量权，加强对行政执法的监督，全面落实行政执法责任制和执法经费由财政保障制度，做到严格规范公正文明执法。完善行政执法与刑事司法衔接机制。确保依法独立公正行使审判权、检察权。改革司法管理体制，推动省以下地方人民法院、人民检察院人财物统一管理，探索建立与行政区划适当分离的司法管辖制度，保证国家法律统一正确实施。建立符合职业特点的司法人员管理制度，健全法官、检察官、人民警察统一招录、有序交流、逐级遴选机制，完善司法人员分类管理制度，健全法官、检察官、人民警察职业保障制度。健全司法权力运行机制。优化司法职权配置，健全司法权力分工负责、互相配合、互相制约机制，加强和规范对司法活动的法律监督和社会监督。健全国家司法救助制度，完善法律援助制度。完善律师执业权利保障机制和违法违规执业惩戒制度，加强职业道德建设，发挥律师在依法维护公民和法人合法权益方面的重要作用。

（五）完备的党内法规体系

党内法规既是管党治党的重要依据，也是中国特色社会主义法治体系的重要组成部分。由于缺少整体规划，缺乏顶层设计，党内法规存在"碎片化"现象。要在对现有党内法规进行全面清理的基础上，抓紧制定和修订一批重要党内法规，加大党内法规备案审查和解释力度，完善党内法规制定体制机制，形成配套完备的党内法规制度体系，使党内生活更加规范化、程序化，使党内民主制度体系更加完善，使权力运行受到更加有效的制约和监督，使党执政的制度基础更加巩固，为到建党

100周年时全面建成内容科学、程序严密、配套完备、运行有效的党内法规制度体系打下坚实基础。

二、以高度自信建设中国特色社会主义法治体系

（一）依法治国、依法执政、依法行政共同推进

依法治国是党领导人民治国理政的基本方式，要依照宪法和法律规定，通过各种途径和形式实现人民群众在党的领导下管理国家事务，管理经济文化事业，管理社会事务，保证国家各项工作都依法进行，逐步实现社会主义民主的制度化、法律化。依法执政是依法治国的关键，要坚持党领导人民制定法律、实施法律并在宪法法律范围内活动的原则，健全党领导依法治国的制度和工作机制，促进党的政策和国家法律互联互动。依法行政是依法治国的重点，要创新执法体制，完善执法程序，推进综合执法，严格执法责任，建立权责统一、权威高效的依法行政体制，加快建设职能科学、权责法定、执法严明、公开公正、廉洁高效、守法诚信的法治政府，切实做到合法行政、合理行政、高效便民、权责统一、政务公开。

（二）法治国家、法治政府、法治社会一体建设

法治国家、法治政府和法治社会是全面推进依法治国的"一体双翼"。法治国家是长远目标和根本目标，建设法治国家的核心要求是实现国家生活的全面法治化；法治政府是重点任务和攻坚内容，建设法治政府的核心要求是规范和制约公共权力；法治社会是组成部分和薄弱环节，建设法治社会的核心是推进多层次多领域依法治理，实现全体国民自己守法、护法。法治国家、法治政府、法治社会一体建设，要求三者相互补充、相互促进、相辅相成。

（三）科学立法、严格执法、公正司法、全民守法相辅相成

十八大以来，党中央审时度势，提出了"科学立法、严格执法、公正司法、全民守法"的十六字方针，确立了新时期法治中国建设的基本内容。科学立法要求完善立法规划，突出立法重点，坚持立改废释并举，提高立法科学化、民主化水平，提高法律的针对性、及时性、系统性、有效性，完善立法工作机制和程序，扩大公众有序参与，充分听取各方面意见，使法律准确反映经济社会发展要求，更好协调利益关系，发挥立法的引领和推动作用。严格执法，要求加强宪法和法律实施，维护社会主义法制的统一、尊严、权威，形成人们不愿违法、不能违法、不敢违法的法治环境，做到有法必依、执法必严、违法必究。公正司法，要求要努力让人民群众在每一个司法案件中都感受到公平正义，所有司法机关都要紧紧围绕这个目标来改进工作，重点解决影响司法公正和制约司法能力的深层次问题。全民守法，要求任何组织或者个人都必须在宪法和法律范围内活动，任何公民、社会组织和国家机关都要以宪法和法律为行为准则，依照宪法和法律行使权利或权力、履行义务或职责。

（四）与推进国家治理体系和治理能力现代化同脉共振

全面推进依法治国既是实现国家治理现代化目标的基本要求，又是推进国家治理现代化的重要组成部分。法律的强制性、普遍性、稳定性、公开性、协调性等价值属性满足了国家治理对权威性和有效性的要求。法治在治理现代化过程中具有极为重要的意义。民主、科学、文明、法治是国家治理现代化的基本要求，民主、科学、文明都离不开法治的保障。治理现代化需要通过法治手段进一步具体地对应到治理体系的各个领域和每个方面，需要进一步量化为具体的指标体系，包括国权配置定型化、公权行使制度化、权益保护实效化、治理行为规范化、社会关系规则化、治理方式文明化六个方面。在实现治理法治化的过程中，治理主体需要高度重视法治本身的现代化问题，高度重视法律规范的可实施性，高度重视对全社会法治信仰的塑造，高度重视治理事务对法治的坚守，高度重视司法公信力的培养。

第三节 提高运用法治思维和法治方式的能力

法治思维是指将党中央关于法治中国建设的基本要求，将国家宪法和法律的相关规定运用于判断、思考和决策，法治方式就是运用法治思维处理和解决问题的行为方式。法治思维与法治方式两者之间属于法治要求内化于心、外化于行的辩证统一关系。简言之，用法律观念来判断问题，用法律方式来处理矛盾和纠纷，这就是法治思维和法治方式。正如习近平同志指出的那样，"各级领导干部要提高运用法治思维和法治方式深化改革、推动发展、化解矛盾、维护稳定能力，努力推动形成办事依法、遇事找法、解决问题用法、化解矛盾靠法的良好法治环境，在法治轨道上推动各项工作"。

一、法治思维和法治方式的基本属性

法治思维和法治方式作为治理能力范畴中的一种新要求，它要求党员干部要带头尊法、学法、守法、用法，自觉地在法律授权范围内活动，切实维护国家法制的统一、尊严和权威，依法保障人民享有广泛的民主权利和自由；法治思维和法治方式作为治理能力范畴中的一种新理念，它要求党员干部要带头破除重管理轻服务、重治民轻治官、重权力轻职责等积弊，带头荡除以言代法、以权压法、违法行政等沉疴。中国特色社会主义法治特质决定了法治思维和法治方式集中具有以下几个方面的属性要求：职权法定、权力制约、保障人权、程序正当。

（一）职权法定

职权法定是指行政机关及其公职人员的行政权力，来自法律的明确授权，而非自行设定。因此，行政机关及其公职人员要做到依法行政，首先必须严守法律明确授予的行政职权，必须在法律规定的职权范围内活动。非经法律授权，不得作出行政管理行为；超出法律授权范围，不享有对有关事务的管理权，否则都属于行政违法。正如党的十八届四中全会强调的那样，"行政机关不得法外设定权力，没有法律法规依据不得作出减损公民、法人和其他组织合法权益或者增加其义务的决定"。坚持职权法定，首先在思想上要牢固树立宪法和法律的权威。宪法是国家的根本法，是治国安邦的总章程，任何法律和规范性文件都不得与宪法相抵触。依据宪法而制定的法律是全社会一体遵循的行动准则，任何人都不享有超越法律的特权。要注意培养依法办事的良好工作作风，切实做到办事依法、遇事找法、解决问题用法、化解矛盾靠法，在法治轨道上推动各项工作。有关部门要切实按照中央的要求，把法治建设成效作为衡量各级领导班子和领导干部工作实绩的重要内容，纳入政绩考核指标体系。把能不能遵守法律、依法办事作为考察干部的重要内容，在相同条件下，优先提拔使用法治素养好、依法办事能力强的干部。对特权思想严重、法治观念淡薄的干部要批评教育，不改正的要调离领导岗位。

（二）权力制约

权力制约是中国特色社会主义法治理念中的一项基本原则，这一原则贯穿于宪法始终，体现在各部法律之内。我国现行宪法对国家权力的设定充分体现了权力的分工与制约原则。首先，宪法明确规定国家的一切权力属于人民。其次，宪法在人民代表和国家机关及其工作人员的关系上，规定人民代表由人民选举产生，对人民负责，接受人民监督。人民有权对国家机关及其工作人员提出批评、建议、控告、检举等。再次，宪法规定国家行政机关、审判机关、检察机关都由人大产生，对它负责，受它监督。此外，我国宪法为充分保证执法机关正确执法，还明确规定了行政机关和司法机关在本系统内实行监督和制约。权力制约是法治国家的基本特征。改革开放以来，党和国家高度重视对权力的监督制约，党的十七大报告明确提出，要完善制约和监督机制，保证人民赋予的权力始终用来为人民谋利益；确保权力正确行使，必须让权力在阳光下运行；要坚持用制度管权、管事、管人，建立健全决策权、执行权、监督权既相互制约又相互协调的权力结构和运行机制。习近平总书记在首都各界纪念现行宪法公布施行30周年大会上的讲话中强调"我们要健全权力运行制约和监督体系，有权必有责，用权受监督，失职要问责，违法要追究，保证人民赋予的权力始终用来为人民谋利益"。

（三）保障人权

我们党长期注重尊重和保障人权。早在新民主主义革命时期，中国共产党就在所领导的红色革命根据地内颁布了《中华苏维埃共和国宪法大纲》《陕甘宁边区施政纲领》《陕甘宁边区宪法原则》等宪法性文件，明确规定保障人民权利的内容。抗战时期，为广泛调动一切抗日力量，各根据地人民政府普遍颁布和实施了保障人权的法令。新中国成立后的第一部宪法，就将公民的人身、经济、政治、社会、文化等方面的权利用根本大法的形式固定下来。20世纪80年代末，我们党就明确提出，社会主义中国要把人权旗帜掌握在自己手中。1991年11月1日，国务院新闻办公室向世界公布了新中国第一份《中国的人权状况》的白皮书，以政府文件的形式正面肯定了人权在中国政治发展中的地位。1997年9月，党的十五大明确提出："共产党执政就是领导和支持人民掌握管理国家的权力，实行民主选举、民主决策、民主管理和民主监督，保证人民依法享有广泛的权利和自由，尊重和保障人权。"此后，尊重和保障人权成为了中国共产党执政的基本目标和政治体制改革与民主法制建设的一个重要内容。2004年3月，十届全国人大二次会议通过宪法修正案，首次将"人权"概念载入宪法，明确规定"国家尊重和保障人权"。至此，尊重和保障人权上升为国家的一项宪法原则，成为行政执法活动中一条不应逾越的底线。

（四）程序正当

程序正当是社会主义法治对行政活动提出的一项基本要求。具体地说，程序正当是指行政机关行使行政权力、实施行政管理时，除涉及国家秘密和依法受到保护的商业秘密、个人隐私的外，都应当公开，注意听取公民、法人和其他组织的意见；要严格遵循法定程序，依法保障行政管理相对人、利害关系人的知情权、参与权和救济权。履行职责的行政机关工作人员与行政管理相对人存在利害关系时，应当回避。实践中，以保密为由拒绝向相对人提供依法应当提供的相关信息；作出行政决定没有听取相对人的意见和申辩；履行行政职责的行政机关工作人员缺乏回避意识等情况屡见不鲜。这种重实体、轻程序的现象历史上长期存在，行政机关与相对人之间更多地表现为一种命令与服从的关系。改革开放以来，尤其是在全面推进依法治国的进程中，程序正当逐步被提到了应有的位置。程序正当在许多单行法中有着明确的规定。如行政处罚法第四十二条就明确规定，行政机关作出责令停产停业、吊销许可证或者执照、较大数额罚款等行政处罚决定之前，应当告知当事人有要求举行听证的权利；当事人要求听证的，行政机关应当组织听证。党的十八届三中全会更是明确要求："完善行政执法程序，规范执法自由裁量权，加强对行政执法的监督，全面落实行政执法责任制和执法经费由财政保障制度，做到严格规范公正文明执法。"强调程序正义，不仅在于它是法治文明进步的重要成果，而且在于程序正义的维护和实现有助于增强法律实施的可接受性。

二、培养法治思维和法治方式的基本途径

全面推进依法治国是国家治理领域的一场深刻革命，培养法治思维和法治方式是一项长期的系统工程。实践表明，任何一种思维方式和行为方式的养成，往往都要经历一个深入学习、深刻领会、坚定信念、反复践行、形成习惯，最后升华到品格的过程。法治思维和法治方式的培养，既是个理论问题又是个实践问题，因此更

不会例外。

（一）在深入学习中提高认识

通过长期的不懈努力，一个立足中国国情和实际、适应改革开放和社会主义现代化建设需要、集中体现党和人民意志的，以宪法为统帅，以宪法相关法、民法、商法等多个法律部门的法律为主干，由法律、行政法规、地方性法规与自治条例、单行条例等多层次法律规范构成的中国特色社会主义法律体系已经形成。这个法律体系是法治思维和法治方式的基础内容和基本遵循。因此，培养法治思维和法治方式，必须要结合实际，深入学习宪法和法律的相关规定，切实做到严格依法行使职权、履行职责。

（二）在依法履职中严守底线

党的十八届四中全会明确提出了法治建设的"五项原则"，即坚持中国共产党的领导、坚持人民主体地位、坚持法律面前人人平等、坚持依法治国和以德治国相结合、坚持从中国实际出发，从而为党员干部树立正确的法治理念指明了根本方向，提供了基本遵循。全会还明确要求"行政机关要坚持法定职责必作为，法无授权不可为"。坚持依法履行职责、法无授权不可为是依法行政的底线。行政机关的岗位职责来自法律授权，必须要牢固树立岗位权力清单意识，在想问题、作决策和办事情中，必须严格遵循法律规则和法定程序，切实做到依法尽职、依法行权。

（三）在依法决策中化解风险

在依法治国不断深入、法律制度不断完备、法律责任日渐明晰的当今，行政机关不依法决策往往成为行政权力运行中的一大风险，成为行政机关承担法律责任、坐上被告席的一大原因。为此，党的十八届四中全会明确提出要健全依法决策机制。各级行政机关及公职人员必须强化责任意识和风险意识，严格遵守重大行政决策法定程序，采取公众参与、专家论证、风险评估、合法性审查、集体讨论决定等法定的程序和办法，确保决策内容合法、程序合法，切实有效防范因决策违法而承担的相应法律责任。

（四）在文明执法中培养品格

依法行政是文明执法的基础和保障，行政公开是文明执法的重要标志。党的十八届三中全会明确要求，"推行地方各级政府及其工作部门权力清单制度，依法公开权力运行流程。完善党务、政务和各领域办事公开制度，推进决策公开、管理公开、服务公开、结果公开"。行政机关及公职人员唯有依据相关法规制度，细化执法操作流程，明确执法权限、坚守法律底线，切实按照法定的许可、收费、检查、征收、处罚和强制等法定权限和程序要求，严格规范和监督执法行为，才能在维护人民群众切身利益的过程中，树立起人民公仆的良好形象，才能有效培养良好的法治思维和法治行为的工作作风与品格。

（五）在接受监督中展示形象

公正执法、带头守法是依法行政的生命力所在。2002年11月召开的党的十六大就明确提出了"加强对执法活动的监督，推进依法行政"。2014年召开的党的十八届四中全会更是明确要求，"必须以规范和约束公权力为重点，加大监督力度，做到有权必有责、用权受监督、违法必追究，坚决纠正有法不依、执法不严、违法不究行为"。强化行政执法监督成为推进依法行政和建设法治政府的一项重要抓手。行政机关及其公职人员在行政执法过程中，要依法自觉接受人大机关的法律监督、上级部门的组织监督、人民政协的民主监督、社会公众的群众监督、相关媒体的舆论监督，通过多种形式了解群众心声，彰显行政执法的公平公正属性，展示依法行政、法治政府的良好形象。

 以案释法 03

权力不能越出制度的笼子

某市发展和改革委员会对10家企业作出废弃食用油脂定点回收加工单位备案，其中包括该市某化工厂和某废油脂回收处理中心。随后该市某区人民政府发出通知，明确指定该市某再生资源开发有限公司实施全区餐厨废弃物收运处理。该区城市管理局和区商务局于2014年3月发出公函，要求落实文件规定，各生猪屠宰场点必须和某再生资源开发有限公司签订清运协议，否则将进行行政处罚。某新能源有限公司对规定不服，诉至法院，请求撤销该文对某再生资源开发有限公司的指定，并赔偿损失。该市中级人民法院一审认为，被告某区政府在文件中的指定，实际上肯定了某再生资源开发有限公司在该区开展餐厨废弃物业务的资格，构成实质上的行政许可。区城市管理局和区商务局作出的公函已经表明被告的指定行为事实上已经实施。根据行政许可法相关规定，行政机关受理、审查、作出行政许可应当履行相应的行政程序，被告在作出指定前，未履行任何行政程序，故被诉行政行为程序违法。被告采取直接指定的方式，未通过招标等公平竞争的方式，排除了其他可能的市场参与者，构成通过行政权力限制市场竞争，违反了该省餐厨废弃物管理办法第十九条和反垄断法第三十二条的规定。被告为了加强餐厨废弃物处理市场监管的需要，对该市场的正常运行作出必要的规范和限制，但不应在行政公文中采取明确指定某一公司的方式。原告某新能源有限公司对其赔偿请求未提交证据证实，法院对此不予支持。遂判决撤销被告在文件中对某再生资源开发有限公司指定的行政行为，驳回原告的其他诉讼请求。一审宣判后，双方当事人均未上诉。

释解

　　我国法院每年办理的10余万件一审行政案件中，与经济管理和经济领域行政执法密切相关的案件占到30%以上，涉及的领域和类型也越来越丰富。本案是涉及行政垄断的典型案件。行政垄断指行政机关滥用行政权力，违法提高市场准入门槛、违法指定特定企业从事特定业务、违法设置条件限制其他企业参与竞争等行为。它侵犯了市场主体的公平竞争权，对经济活动的正常运行、商品的自由流通乃至政府的内外形象都会造成较大破坏和不利影响，我国反垄断法和反不正当竞争法对此明令禁止。本案中，该区政府在行政公文中直接指定某再生资源开发有限公司，未通过招标等公平竞争方式，排除了其他可能的市场参与者，构成通过行政权力限制市场竞争的违法情形。新修改的行政诉讼法将"滥用行政权力侵犯公平竞争权"明确纳入受案范围，就是为突出行政审判对市场正常竞争秩序的有力维护。随着法治的不断进步，公民、法人等各类市场主体在运用行政诉讼法律武器依法维权、监督和规制行政垄断方面，将发挥越来越大的作用。

第二章
我国行政法律制度

依法行政是依法治国基本方略的重要组成部分，对建设法治中国具有重大意义。依法行政，是政府行政权运行的基本原则，它要求行政机关行使行政权力必须要有法律授权，强调有权有责，用权受监督，损害须赔偿，违法须纠正。

行政法是关于行政权授予、行政权的行使，以及对行政权的授予、行使进行监督的法律规范的总和。主要包括三方面的内容。一是行政组织法，即关于行政权的授予和组织行政机关的法律。由行政组织法、行政编制法和公务员法等法律组成。二是行政行为法，即关于行政权行使的法律，由行政许可、行政处罚、行政收费、行政强制、行政征收、行政裁决等法律组成。这部分的行政法律制度具有普遍适用性，与各级政府及各个部门都有关。此外，还有按行政管理事项划分的涉及行政权行使的法律，称为部门行政法，如公安、环保、税务等。三是行政监督法，即对行政机关的组织、行政权的行使进行监督的法律。由行政监察法、审计法、行政复议法、行政诉讼法、行政赔偿法等组成。

第一节　我国依法行政的发展历程

1978年党的十一届三中全会的召开，为我国的民主法制建设指明了前进的方向，奠定了坚实的思想基础，为发扬社会主义民主、健全社会主义法制提供了强有力的政治保障。1979年，包括国家机构、刑事、民事在内的一批规范国家政治、经济、文化和社会生活的法律相继出台，为在国家和社会事务管理方面实现有法可依、有法必依、执法必严、违法必究打下了基础。

1982年，现行宪法颁布，对国家机构及其相互关系和职责权限、公民的权利义务等，作出了许多新的重要规定。该部宪法第五条明确规定："国家维护社会主义法制的统一和尊严。一切法律、行政法规和地方性法规都不得同宪法相抵触。一切国家机关和武装力量、各政党和各社会团体、各企业事业组织都必须遵守宪法和法律。一切违反宪法和法律的行为，必须予以追究。任何组织或者个人都不得有超越宪法和法律的特权。"这是依法行政的重要宪法依据。在此期间，国务院组织法和地方组织法的出台，也从制度建设上进一步推动了依法行政的进程。

1984年全国人大六届三次会议上，彭真同志明确提出，国家管理要从依靠政策办事逐步过渡到不仅仅依靠政策还要建立、健全法制，依法办事。随着经济体制改革的不断深入，民主法制观念的逐步加强，1989年4月行政诉讼法颁布。这是我国行政立法指导思想和价值取向的一次重大转变，标志着我国从注重行政权力的确立与维护，开始转向对行政权力的监督与制约，对公民权利的具体确认与保护。这是通过实践"民"告"官"的诉讼程序来促进行政机关依法行政的一项重大举措。

1992年党的十四大正式确立了社会主义市场经济体制，加快依法行政步伐，已成为时代和社会发展的客观要求。1993年八届全国人大一次会议通过的《政府工作报告》明确提出："各级政府都要依法行政，严格依法办事。一切公务人员都要带头学法、懂法，做执法守法的模范。"这是我国第一次以政府文件的形式正式明确提出依法行政的原则。1997年9月，党的十五大正式确立了依法治国、建设社会主义法治国家的基本方略，依法行政的进程从此开始全面提速。

2002年11月召开的党的十六大，把发展社会主义民主政治，建设社会主义政治文明，作为全面建设小康社会的重要目标之一，明确提出加强对执法活动的监督，推进依法行政。2007年10月召开的党的十七大，从全面落实依法治国基本方略，加快建设社会主义法治国家的高度，就推行依法行政、加快行政管理体制改革，建设服务型政府，完善制约机制，健全组织法制和程序规则，保证国家机关按照法定权限和程序行使权力、履行职责等提出具体要求。

在此期间，国家公务员暂行条例（1993）、国家赔偿法（1994）、行政处罚法（1996）、行政监察法（1997）、行政复议法（1999）、立法法（2000）、政府采购法（2002）、行政许可法（2003）、公务员法（2005）、行政强制法（2011）等陆续出台，依法行政的体制机制不断健全、依法行政的法律制度日渐完备。

与此同时，1999年11月国务院发布了《关于全面推进依法行政的决定》，对依法行政提出了具体要求。2004年3月国务院颁发了《全面推进依法行政实施纲要》，对全国依法行政的现状进行了深刻总结，对进一步深入推进依法行政提出了全面要求，并第一次明确提出经过十年左右坚持不懈的努力，基本实现建设法治政府的工作目标。

鉴于依法行政的重点难点在市县两级，2008年5月国务院还进一步作出了《关于加强市县政府依法行政的决定》，就扎实推进市县政府依法行政提出工作要求。2012年11月，党的十八大明确要求，推进依法行政，切实做到严格规范公正文明执法。2013年11月，党的十八届三中全会进一步明确提出，建设法治中国，必须坚持依法治国、依法执政、依法行政共同推进，坚持法治国家、法治政府、法治社会一体建设。依法行政被纳入法治中国建设进程中统一部署、整体推进。2014年11月，党的十八届四中全会就深入推进依法行政，加快建设法治政府作出总体部署，要求各级政府必须坚持在党的领导下、在法治轨道上开展工作，加快建设职能科学、权责法定、执法严明、公开公正、廉洁高效、守法诚信的法治政府。

第二节　行政组织法

　　行政组织法是规范行政机关的职能、组织、编制的法律制度。我国宪法明确规定，中华人民共和国的一切权力属于人民。人民行使国家权力的机关是全国人大和地方各级人大。国家的行政机关是权力机关的执行机关。因此从根本上讲，行政机关行使的行政权力是权力机关通过法律授予的。正因为如此，行政机关必须遵循职权法定原则，不能法外行权。行政组织法就是规范有关行政组织的性质、地位、职权、职能等方面的法律总称。

　　行政组织是行政权力的载体，行政组织法通过对行政机关的机构设置、编制与职数、活动方式，以及行政机关的设立、变更和撤销程序等的规定，进而对行政权力行使进行制约，以避免主观随意性。在这方面，我国的国务院组织法和地方组织法，对规范国务院和地方政府的机构设置与职权行使，起到了重要作用。

一、国务院组织法

　　1982年制定的国务院组织法，是根据宪法中有关国务院的规定内容，对国务院的组成、组织原则、职权行使、会议制度、部委设置等均作出了明确规定。

　　根据国务院组织法的规定，国务院由总理、副总理、国务委员、各部部长、各委员会主任、审计长、秘书长组成；国务院实行总理负责制，总理领导国务院的工作，副总理、国务委员协助总理工作；国务院行使宪法第八十九条规定的职权；国务院会议分为国务院全体会议和国务院常务会议。国务院全体会议由国务院全体成员组成。国务院常务会议由总理、副总理、国务委员、秘书长组成。国务院工作中的重大问题，必须经国务院常务会议或者国务院全体会议讨论决定；国务院秘书长在总理领导下，负责处理国务院的日常工作；国务院各部、各委员会的设立、撤销或者合并，经总理提出，由全国人大决定；在全国人大闭会期间，由全国人大常委会决定；国务院各部、各委员会实行部长、主任负责制。各部部长、各委员会主任领导本部门的工作，召集和主持部务会议或者委员会会议、委务会议，签署上报国务院的重要请示、报告和下达的命令、指示。各部、各委员会工作中的方针、政策、计划和重大行政措施，应向国务院请示报告，由国务院决定。根据法律和国务院的决定，主管部、委员会可以在本部门的权限内发布命令、指示和规章。

二、地方组织法

《中华人民共和国地方各级人民代表大会和地方各级人民政府组织法》于1979年通过，并于2015年作了最新修正。它具体规定了地方各级人民政府的性质、组成、任期、职权、组织原则、会议制度、机构设置等，为规范和制约地方各级政府的行政权力的行使提供了基本的法律依据。

根据地方组织法的规定，地方各级人民政府是地方各级人大的执行机关，是地方各级国家行政机关，对本级人大和上一级国家行政机关负责并报告工作。地方各级人民政府都是国务院统一领导下的国家行政机关，都服从国务院。省、自治区、直辖市、自治州、设区的市的人民政府分别由省长、副省长，自治区主席、副主席，市长、副市长，州长、副州长和秘书长、厅长、局长、委员会主任等组成。县、自治县、不设区的市、市辖区的人民政府分别由县长、副县长，市长、副市长，区长、副区长和局长、科长等组成。乡、民族乡的人民政府设乡长、副乡长。民族乡的乡长由建立民族乡的少数民族公民担任。镇人民政府设镇长、副镇长。地方各级人民政府每届任期五年。

此外，这部法律还具体规定了地方各级人民政府的职权、组织原则、会议制度、内设机构、管理体制等。

尽管我国法律对行政部门的设置、行政权力的行使有着相应的法律规范和制约，但多年来的实践同时也证明，行政机关职权不清、相互交叉冲突，政府职能转变不能适应市场经济的需要，机构臃肿，人浮于事等问题始终存在并难以解决。由于已有的行政组织法还不能完全起到应有的规范和制约作用，以致有时还不得不辅之以相应的机构改革。正因为如此，1997年党的十五大就曾明确提出，深化行政体制改革，实现国家机构组织、职能、编制、工作程序的法定化。2013年党的十八届三中全会进一步明确提出，转变政府职能必须深化机构改革。优化政府机构设置、职能配置、工作流程，完善决策权、执行权、监督权既相互制约又相互协调的行政运行机制。为此，切实按照党中央的要求，进一步完善行政组织法成为当前完善行政法律制度面临的一项重要任务。

三、公务员法

这部法律制定于2005年，具体规定了公务员的入职条件、权利义务、职务级别、录用考核、职务任免、职务升降、奖励惩戒与培训、交流与回避、工资福利保险、辞职辞退与退休、申诉控告、职位聘任及法律责任。这部法律的制定和实施，为规范公职人员的组织管理和职务履行提供了基本的法律遵循。

根据该法的规定，公务员职务分为领导职务和非领导职务。领导职务层次分为：国家级正职、国家级副职、省部级正职、省部级副职、厅局级正职、厅局级副职、县处级正职、县处级副职、乡科级正职、乡科级副职。非领导职务层次在厅局级以下设置。综合管理类的非领导职务分为：巡视员、副巡视员、调研员、副调研员、主任科员、副主任科员、科员、办事员。各机关依照确定的职能、规格、编制限额、职数以及结构比例，设置本机关公务员的具体职位，并确定各职位的工作职责和任职资格条件以及考核、奖惩、专门纪律要求、回避、辞职、辞退、退休、申诉控告等内容。

第三节 行政行为法

行政行为一般是指行政机关依法行使权力，管理公共事务，直接或间接产生法律后果的行为。各行政机关共同性的行政行为，可分为行政立法行为和行政执法行为。其中，行政立法行为主要是指国务院制定行政法规、国务院各部委制定部委规章，各省、自治区、直辖市政府，省会市和经国务院批准的较大市政府和设区的市制定地方规章的行为。行政执法行为，又称具体行政行为，是指行政机关行使行政权力，对特定的公民、法人和其他组织作出的有关其权利义务的单方行为。具体行政行为的表现形式包括：行政命令、行政征收、行政许可、行政确认、行政监督检查、行政处罚、行政强制、行政给付、行政奖励、行政裁决、行政赔偿等。随着推进依法治国、建设法治政府的需要，我国陆续出台了一系列行政行为法，适用频率高的有行政许可法、行政处罚法和行政强制法。

一、行政许可法

行政许可是指行政机关根据公民、法人或者其他组织的申请，经依法审查，准予其从事特定活动的行为。2003年颁布实施的行政许可法，对行政许可的实施机关、行政许可的实施程序、申请与受理、审查与决定、期限、听证、变更与延续，以及行政许可的费用和监督检查等作出了具体规定。实践证明，这部法律的颁布实施，对规范行政许可的设定和实施，保护公民、法人和其他组织的合法权益，维护公共利益和社会秩序，保障和监督行政机关有效实施行政管理，提供了重要的法律保障。这部法律具体规定的内容主要包括：

（一）行政许可的设定范围

设定行政许可的应当属于直接涉及国家安全、公共安全、经济宏观调控、生态环境保护以及直接关系人身健康、生命财产安全等特定活动，需要按照法定条件予以批准的事项；有限自然资源开发利用、公共资源配置以及直接关系公共利益的特定行业的市场准入等，需要赋予特定权利的事项；提供公众服务并且直接关系公共利益的职业、行业，需要确定具备特殊信誉、特殊条件或者特殊技能等资格、资质的事项；直接关系公共安全、人身健康、生命财产安全的重要设备、设施、产品、物品，需要按照技术标准、技术规范，通过检验、检测、检疫等方式进行审定的事项；企业或者其他组织的设立等，需要确定主体资格的事项；法律、行政法规规定可以设定行政许可的其他事项。但上述事项如果属于公民、法人或者其他组织能够自主决定的；市场竞争机制能够有效调节的；行业组织或者中介机构能够自律管理的；行政机关采用事后监督等其他行政管理方式能够解决的，便可以不设行政许可。该法同时还明确规定，法规、规章对实施上位法设定的行政许可作出的具体规定，不得增设行政许可；对行政许可条件作出的具体规定，不得增设违反上位法的其他条件。

（二）行政许可的实施机关

行政许可的实施机关主要包括有权行政机关、具有管理公共事务职能的组织和受委托的其他行政机关。该法明确规定，行政许可由具有行政许可权的行政机关在其法定职权范围内实施。法律、法规授权的具有管理公共事务职能的组织，在法定授权范围内，以自己的名义实施行政许可。被授权的组织适用行政许可法有关行政机关的规定。行政机关在其法定职权范围内，依照法律、法规、规章的规定，可以委托其他行政机关实施行政许可。委托机关应当将受委托行政机关和受委托实施行政许可的内容予以公告。委托行政机关对受委托行政机关实施行政许可的行为应当负责监督，并对该行为的后果承担法律责任。

（三）行政许可的实施程序

公民、法人或者其他组织从事特定活动，依法需要取得行政许可的，应当向行政机关提出申请。申请人申请行政许可，应当如实向行政机关提交有关材料和反映真实情况，并对其申请材料实质内容的真实性负责。申请人提交的申请材料齐全、符合法定形式，行政机关能够当场作出决定的，应当当场作出书面的行政许可决定。根据法定条件和程序，需要对申请材料的实质内容进行核实的，行政机关应当指派两名以上工作人员进行核查。

（四）行政许可的期限

除可以当场作出行政许可决定的外，行政机关应当自受理行政许可申请之日起二十日内作出行政许可决定。二十日内不能作出决定的，经本行政机关负责人批准，可以延长十日，并应当将延长期限的理由告知申请人。

（五）法律责任

行政机关违法实施行政许可，给当事人的合法权益造成损害的，应当依照国家赔偿法的规定给予赔偿。被许可人存在涂改、倒卖、出租、出借行政许可证件，或者以其他形式非法转让行政许可的；超越行政许可范围进行活动的；向负责监督检查的行政机关隐瞒有关情况、提供虚假材料或者拒绝提供反映其活动情况的真实材料的；法律、法规、规章规定的其他违法行为的，行政机关应当依法给予行政处罚。构成犯罪的，依法追究刑事责任。

二、行政处罚法

行政处罚是行政机关对违反行政管理秩序的公民、法人和其他组织依法予以制裁的法律制度。我国1996年颁布实施的行政处罚法对行政处罚的种类和设定、实施机关、管辖和适用，以及行政处罚的程序、执行及法律责任进行了明确规定，为规范行政处罚的设定和实施，保障和监督行政机关有效实施行政管理，维护公共利益和社会秩序，保护公民、法人或者其他组织合法权益提供了基本的法律依据。这部法律具体规定的内容主要包括：

（一）行政处罚的种类

我国的行政处罚包括：警告；罚款；没收违法所得、没收非法财物；责令停产停业；暂扣或者吊销许可证、暂扣或者吊销执照；行政拘留；法律、行政法规规定的其他行政处罚等。

（二）行政处罚的实施机关

行政处罚由具有行政处罚权的行政机关在法定职权范围内实施。国务院或者经国务院授权的省、自治区、直辖市人民政府可以决定一个行政机关行使有关行政机关的行政处罚权，但限制人身自由的行政处罚权只能由公安机关行使。

（三）行政处罚的管辖

行政处罚由违法行为发生地的县级以上地方人民政府具有行政处罚权的行政机关管辖；对管辖发生争议的，报请共同的上一级行政机关指定管辖；违法行为构成犯罪的，行政机关必须将案件移送司法机关，依法追究刑事责任。

（四）行政处罚的适用

行政机关实施行政处罚时，应当责令当事人改正或者限期改正违法行为。对当事人的同一个违法行为，不得给予两次以上罚款的行政处罚；不满十四周岁的人有违法行为的，不予行政处罚，责令监护人加以管教；已满十四周岁不满十八周岁的人有违法行为的，从轻或者减轻行政处罚；精神病人在不能辨认或者不能控制自己行为时有违法行为的，不予行政处罚，但应当责令其监护人严加看管和治疗。间歇性精神病人在精神正常时有违法行为的，应当给予行政处罚。违法行为在二年内未被发现的，不再给予行政处罚。法律另有规定的除外。

（五）行政处罚程序

行政处罚程序包括简易程序、一般程序。

1. 简易程序

适用于违法事实确凿并有法定依据，对公民处以五十元以下、对法人或者其他组织处以一千元以下罚款或者警告的行政处罚的，可以当场作出行政处罚决定。

2. 一般程序

适用于行政机关发现公民、法人或者其他组织有依法应当给予行政处罚的行为，需要全面、客观、公正调查，收集有关证据或需要依法进行检查的案件。行政机关依法给予行政处罚的，应当制作行政处罚决定书。行政处罚决定书应当载明的事项包括：当事人的姓名或者名称、地址；违反法律、法规或者规章的事实和证据；行政处罚的种类和依据；行政处罚的履行方式和期限；不服行政处罚决定，申请行政复议或者提起行政诉讼的途径和期限；作出行政处罚决定的行政机关名称和作出决定的日期。行政处罚决定书应当在宣告后当场交付当事人；当事人不在场的，行政机关应当在七日内依照民事诉讼法的有关规定，将行政处罚决定书送达当事人。

此外该法还具体规定了行政处罚前的听证程序、行政处罚的执行及法律责任。

三、行政强制法

我国法定的行政强制包括行政强制措施和行政强制执行。行政强制措施，是指行政机关在行政管理过程中，为制止违法行为、防止证据损毁、避免危害发生、控制危险扩大等情形，依法对公民的人身自由实施暂时性限制，或者对公民、法人或者其他组织的财物实施暂时性控制的行为。行政强制执行，是指行政机关或者行政机关申请人民法院，对不履行行政决定的公民、法人或者其他组织，依法强制履行义务的行为。2011年颁布实施的行政强制法，规定了行政强制的种类和设定、行政强制措施实施程序、行政机关强制执行程序、申请人民法院强制执行及法律责任，为规范行政强制的设定和实施，保障和监督行政机关依法履行职责，维护公共利益和社会秩序，保护公民、法人和其他组织的合法权益提供了基本的法律依据。这部法律具体规定的内容主要包括：

（一）行政强制的种类和方式

根据该法规定，行政强制措施由法律设定，种类包括限制公民人身自由；查封场所、设施或者财物；扣押财物；冻结存款、汇款；其他行政强制措施等5类。行政强制执行由法律设定，方式包括加处罚款或者滞纳金；划拨存款、汇款；拍卖或者依法处理查封、扣押的场所、设施或者财物；排除妨碍、恢复原状；代履行；其他强制执行方式等。

（二）行政强制措施实施程序

1. 一般规定

行政机关实施行政强制措施的，实施前须向行政机关负责人报告并经批准；由两名以上行政执法人员实施；出示执法身份证件；通知当事人到场；当场告知当事人采取行政强制措施的理由、依据以及当事人依法享有的权利、救济途径；听取当事人的陈述和申辩；制作现场笔录；现场笔录由当事人和行政执法人员签名或者盖章，当事人拒绝的，在笔录中予以注明；当事人不到场的，邀请见证人到场，由见证人和行政执法人员在现场笔录上签名或者盖章；法律、法规规定的其他程序。情况紧急，需要当场实施行政强制措施的，行政执法人员应当在二十四小时内向行政机关负责人报告，并补办批准手续。

2. 查封、扣押

查封、扣押应当由法律、法规规定的行政机关实施，其他任何行政机关或者组织不得实施。行政机关决定实施查封、扣押的，应当依法制作并当场交付查封、扣押决定书和清单。查封、扣押决定书应当载明当事人的姓名或者名称、地址；查封、扣押的理由、依据和期限；查封、扣押场所、设施或者财物的名称、数量等；申请行政复议或者提起行政诉讼的途径和期限；行政机关的名称、印章和日期。查封、扣押清单一式二份，由当事人和行政机关分别保存。

3. 冻结

冻结存款、汇款应当由法律规定的行政机关实施，不得委托给其他行政机关或者组织；其他任何行政机关或者组织不得冻结存款、汇款。行政机关依照法律规定决定实施冻结存款、汇款的，应当依法履行程序，并向金融机构交付冻结通知书。

此外，该法还具体规定了行政机关强制执行的具体程序及法律责任。

违法行政决定被撤销

2012年3月，王某收到了国务院行政复议裁决书。裁决书撤销了某省认定他家所在区域征地合法决定的裁决。法学博士王某两年法律维权路，终于看到一线曙光。2010年底，因老家的房屋在未签署拆迁协议的情况下于凌晨被拆。老屋被强拆当日，王某写了一封给家乡市长的公开信。公开信在网上迅速流传，引起了官方重视。当地政府有关领导特地赶赴王某所在的大学和他沟通，承诺"依法依规，妥善处置此事"。公开信事件后，王某家乡的区长答复王某，称"某村村委会答复意见与你本人所提要求差距较大，可能你不能完全接受""我们支持你通过法律渠道依法解决"。2011年7月15日，王某母亲诉某市住房和城乡建设局不履行查处违法拆迁一案在该市某区法院开庭审理。法院认定"非法拆迁"事实不存在，驳回诉讼请求。王某随即上诉，被市中级人民法院驳回。在寻求诉讼解决的同时，王某也向省政府行政复议办公室提起行政复议，要求省政府确认关于该城区城市建设用地的批复违法并予以撤销。2011年3月，省政府行政复议办公室召开听证会，只有王某一方提交相关证据，

"政府说他们所有的行为都合法，没必要提交证据。"4月6日，省政府行政复议办公室下发行政复议决定书，驳回复议请求。随后，王某等人依法向国务院法制办提起行政裁决。

 释解

拆迁户依法维权，先后通过行政手段和法律途径，终于为实践宪法明文规定的"公民的合法的私有财产不受侵犯。国家依照法律规定保护公民的私有财产权和继承权"迈出了关键的一步。

随着依法治国的不断推进、依法行政的不断深入，我国各级行政机关面临的行政诉讼的争议案件在逐步增多，当被告的概率在逐渐增大，这是一种正常的客观现象。当被告不被动，被动的是工作中存在着没有依法行政的瑕疵。情况表明，各级行政管理部门在工作中比较容易引起争议的，主要集中在行政主体不适格、行政行为越权、规范性文件与上位法相抵触、行政决定失当和行政不作为几个方面。因此，在全面推进依法治国的大背景下，在法律制度不断完备、监督渠道极大畅通的情况下，在公民依法维权意识不断增强的态势下，唯有依法决策、依法办事，努力实现与依法行政相适应的行政管理方式的转变，树立职权法定意识、程序法定意识和权责统一意识，切实提高依法行政的自觉性和工作水平，才能从根本上杜绝此类案件的发生。

第四节　行政监督法

行政权力是国家机关中权力最大、涉及人数最多，对国家和社会的发展最为重要、与人民群众关系最为密切的权力，因此行政监督是国家监督体系中的极为重要的组成部分。行政系统内部的监督，主要有行政系统内的专门监督和上级对下级的层级监督。

在我国，行政系统内的专门监督主要为审计监督和行政监察，并且已经制定了审计法和行政监察法。根据审计法的规定，在政府内部监督范围内，审计主要是对本级政府各部门和下级政府预算的执行情况和决算、预算外资金的管理和使用情况；政府部门管理和社会团体受政府委托管理的社会保障基金、社会捐献资金及其他有关基金、资金的财务收支等进行审计监督。审计部门在行使职权时，拥有要求报送权、检查权、调查权、制止并采取措施权、通报权及处理权等多方面的权限。根据行政监察法的规定，行政监察是监察部门对行政机关及其公务员的行政效能和清正廉洁两方面进行的监督。监察部门在行使监督权时拥有检查、调查权、建议处分权等较为广泛的权力。

层级监督方面，我国目前已建立了行政复议制度、行政诉讼制度和国家赔偿制度。并相应地颁布实施了行政复议法、行政诉讼法和国家赔偿法。其中，行政复议制度是指公民、法人或其他组织认为行政机关的行政行为侵犯其合法权益，向上级行政机关申请复议，由复议机关作出复议决定的制度，既属于上级行政机关对下级行政机关的监督，同时也是公民、法人或其他组织不服下级行政机关的具体行政行为要求复议机关作出公正裁判的一种救济行为。由于行政复议实际上是上级对下级的监督，因此行政复议的范围较为宽泛，在行政复议中，公民、法人或其他组织不仅可以对具体行政行为是否合法，要求进行审查，也可以对该具体行政行为是否合理，要求进行审查。而在行政诉讼中，人民法院对具体行政行为则只能进行合法性审查，除行政处罚外，原则上不作合理性、适当性审查。

一、行政复议法

行政复议是指公民、法人或者其他组织，认为行政机关的具体行政行为侵犯了其合法权益，依法向上级行政机关提出复议申请，上级行政机关依法对该具体行政行为进行合法性、适当性审查，并作出复议决定的行政行为。我国1999年颁布实施的行政复议法，对行政复议机关的职责、行政复议范围、行政复议申请、行政复议受理、行政复议决定和法律责任等作出具体规定。这部法律具体规定的内容主要包括：

（一）行政复议机关的职责

行政复议机关负责法制工作的机构具体办理行政复议事项，履行的职责包括受理行政复议申请；向有关组织和人员调查取证，查阅文件和资料；审查申请行政复议的具体行政行为是否合法与适当，拟订行政复议决定；处理或者转送法律规定的审查申请；依照规定的权限和程序对违法的具体行政行为提出处理建议；办理因不服行政复议决定提起行政诉讼的应诉事项；法律、法规规定的其他职责。行政复议机关履行行政复议职责时，应当遵循合法、公正、公开、及时、便民的原则，坚持有错必纠，保障法律、法规的正确实施。

（二）行政复议范围

公民、法人或者其他组织可以依法申请行政复议的情形包括对行政机关作出的警告、罚款、没收违法所得、没收非法财物、责令停产停业、暂扣或者吊销许可证、暂扣或者吊销执照、行政拘留等行政处罚决定不服的；对行政机关作出的限制人身自由或者查封、扣押、冻结财产等行政强制措施决定不服的；对行政机关作出的有关许可证、执照、资质证、资格证等证书变更、中止、撤销的决定不服的；对行政机关作出的关于确认土地、矿藏、水流、森林、山岭、草原、荒地、滩涂、海域等自然资源的所有权或者使用权的决定不服的；认为行政机关侵犯合法的经营自主权的；认为行政机关变更或者废止农业承包合同，侵犯其合法权益的；认为行政机关违法集资、征收财物、摊派费用或者违法要求履行其他义务的；认为符合法定条件，申请行政机关颁发许可证、执照、资质证、资格证等证书，或者申请行政机关审批、登记有关事项，行政机关没有依法办理的；申请行政机关履行保护人身权利、财产权利、受教育权利的法定职责，行政机关没有依法履行的；申请行政机关依法发放抚恤金、社会保险金或者最低生活保障费，行政机关没有依法发放的；认为行政机关的其他具体行政行为侵犯其合法权益的。

（三）行政复议申请

公民、法人或者其他组织认为具体行政行为侵犯其合法权益的，可以自知道该具体行政行为之日起六十日内提出行政复议申请；但是法律规定的申请期限超过六十日的除外。因不可抗力或者其他正当理由耽误法定申请期限的，申请期限自障碍消除之日起继续计算。同申请行政复议的具体行政行为有利害关系的其他公民、法人或者其他组织，可以作为第三人参加行政复议。公民、法人或者其他组织对行政机关的具体行政行为不服申请行政复议的，作出具体行政行为的行政机关是被申请人。申请人申请行政复议，可以书面申请，也可以口头申请；口头申请的，行政复议机关应当当场记录申请人的基本情况、行政复议请求、申请行政复议的主要事实、理由和时间。

（四）行政复议受理

行政复议机关收到行政复议申请后，应当在五日内进行审查，对不符合本法规定的行政复议申请，决定不予受理，并书面告知申请人；对符合行政复议法规定，但是不属于本机关受理的行政复议申请，应当告知申请人向有关行政复议机关提出。对行政复议决定不服再向人民法院提起行政诉讼的，行政复议机关决定不予受理或者受理后超过行政复议期限不作答复的，公民、法人或者其他组织可以自收到不予受理决定书之日起或者行政复议期满之日起十五日内，依法向人民法院提起行政诉讼。

（五）行政复议决定

行政复议原则上采取书面审查的办法，但是申请人提出要求或者行政复议机关负责法制工作的机构认为有必要时，可以向有关组织和人员调查情况，听取申请人、被申请人和第三人的意见。行政复议机关负责法制工作的机构应当对被申请人作出的具体行政行为进行审查，提出意见，经行政复议机关的负责人同意或者集体讨论通过后，按照具体行政行为认定事实清楚，证据确凿，适用依据正确，程序合法，内容适当的，决定维持；被申请人不履行法定职责的，决定其在一定期限内履行。对存在主要事实不清、证据不足的；适用依据错误的；违反法定程序的；超越或者滥用职权的；具体行政行为明显不当等情形之一的，决定撤销、变更或者确认该具体行政行为违法；决定撤销或者确认该具体行政行为违法的，可以责令被申请人在一定期限内重新作出具体行政行为。

（六）法律责任

行政复议机关违反规定，无正当理由不予受理依法提出的行政复议申请或者不按照规定转送行政复议申请的，或者在法定期限内不作出行政复议决定的，对直接负责的主管人员和其他直接责任人员依法给予警告、记过、记大过的行政处分；经责令受理仍不受理或者不按照规定转送行政复议申请，造成严重后果的，依法给予降级、撤职、开除的行政处分。行政复议机关工作人员在行政复议活动中，徇私舞弊或者有其他渎职、失职行为的，依法给予警告、记过、记大过的行政处分；情节严重的，依法给予降级、撤职、开除的行政处分；构成犯罪的，依法追究刑事责任。被申请人违反规定，不提出书面答复或者不提交作出具体行政行为的证据、依据和其他有关材料，或者阻挠、变相阻挠公民、法人或者其他组织依法申请行政复议的，对直接负责的主管人员和其他直接责任人员依法给予警告、记过、记大过的行政处分；进行报复陷害的，依法给予降级、撤职、开除的行政处分；构成犯罪的，依法追究刑事责任。行政复议机关受理行政复议申请，由本级财政予以保障，不得向申请人收取任何费用。

二、行政诉讼法

行政诉讼是指公民、法人或者其他组织认为行政机关和行政机关工作人员的行政行为侵犯其合法权益，依法向人民法院提起的诉讼。为保证人民法院公正、及时审理行政案件，解决行政争议，保护公民、法人和其他组织的合法权益，监督行政机关依法行使行政职权，我国于1989年制定、2014年修订了行政诉讼法，对行政诉讼的受案范围、管辖、诉讼参加人、证据、起诉和受理、审理和判决、审判监督程序、执行及涉外行政诉讼等作了相应规定，具体确立了行政行为合法与违法的标准，对协调行政机关与公民的关系，保护公民合法权益，督促行政机关依法行政，维护社会稳定发挥了重要作用。这部法律具体规定的内容主要包括：

（一）受案范围

行政诉讼受案范围包括，对行政拘留、暂扣或者吊销许可证和执照、责令停产停业、没收违法所得、没收非法财物、罚款、警告等行政处罚不服的；对限制人身自由或者对财产的查封、扣押、冻结等行政强制措施和行政强制执行不服的；申请行政许可，行政机关拒绝或者在法定期限内不予答复，或者对行政机关作出的有关行政许可的其他决定不服的；对行政机关作出的关于确认土地、矿藏、水流、森林、山岭、草原、荒地、滩涂、海域等自然资源的所有权或者使用权的决定不服的；对征收、征用决定及其补偿决定不服的；申请行政机关履行保护人身权、财产权等合法权益的法定职责，行政机关拒绝履行或者不予答复的；认为行政机关侵犯其经营自主权或者农村土地承包经营权、农村土地经营权的；认为行政机关滥用行政权力排除或者限制竞争的；认为行政机关违法集资、摊派费用或者违法要求履行其他义务的；认为行政机关没有依法支付抚恤金、最低生活保障待遇或者社会保险待遇的；认为行政机关不依法履行、未按照约定履行或者违法变更、解除政府特许经营协议、土地房屋征收补偿协议等协议的；认为行政机关侵犯其他人身权、财产权等合法权益的。

（二）管辖

基层人民法院管辖第一审行政案件。中级人民法院管辖的一审行政案件包括：对国务院部门或者县级以上地方人民政府所作的行政行为提起诉讼的案件；海关处理的案件；本辖区内重大、复杂的案件；其他法律规定由中级人民法院管辖的案件。高级人民法院管辖本辖区内重大、复杂的一审行政案件。最高人民法院管辖全国范围内重大、复杂的一审行政案件。经最高人民法院批准，高级人民法院可以根据审判工作的实际情况，确定若干人民法院跨行政区域管辖行政案件。

（三）诉讼参加人

行政行为的相对人以及其他与行政行为有利害关系的公民、法人或者其他组织，有权提起诉讼。公民、法人或者其他组织直接向人民法院提起诉讼的，作出行政行为的行政机关是被告。经复议的案件，复议机关决定维持原行政行为的，作出原行政行为的行政机关和复议机关是共同被告；复议机关改变原行政行为的，复议机关是被告。复议机关在法定期限内未作出复议决定，公民、法人或者其他组织起诉原行政行为的，作出原行政行为的行政机关是被告；起诉复议机关不作为的，复议机关是被告。两个以上行政机关作出同一行政行为的，共同作出行政行为的行政机关是共同被告。行政机关委托的组织所作的行政行为，委托的行政机关是被告。行政机关被撤销或者职权变更的，继续行使其职权的行政机关是被告。

（四）证据

经法庭审查属实，可作为认定案件事实的行政诉讼证据包括：书证；物证；视听资料；电子数据；证人证言；当事人的陈述；鉴定意见；勘验笔录、现场笔录。被告对作出的行政行为负有举证责任，应当提供作出该行政行为的证据和所依据的规范性文件。原告可以提供证明行政行为违法的证据。原告提供的证据不成立的，不免除被告的举证责任。对由国家机关保存而须由人民法院调取的证据；涉及国家秘密、商业秘密和个人隐私的证据；确因客观原因不能自行收集的其他证据，原告或者第三人不能自行收集的，可以申请人民法院调取。

（五）起诉和受理

公民、法人或者其他组织不服复议决定的，可以在收到复议决定书之日起十五日内向人民法院提起诉讼。复议机关逾期不作决定的，申请人可以在复议期满之日起十五日内向人民法院提起诉讼，法律另有规定的除外。公民、法人或者其他组织直接向人民法院提起诉讼的，应当自知道或者应当知道作出行政行为之日起六个月内提出。法律另有规定的除外。因不动产提起诉讼的案件自行政行为作出之日起超过二十年，其他案件自行政行为作出之日起超过五年提起诉讼的，人民法院不予受理。公民、法人或者其他组织申请行政机关履行保护其人身权、财产权等合法权益的法定职责，行政机关在接到申请之日起两个月内不履行的，公民、法人或者其他组织可以向人民法院提起诉讼。对人民法院既不立案，又不作出不予立案裁定的，当事人可以向上一级人民法院起诉。上一级人民法院认为符合起诉条件的，应当立案、审理，也可以指定其他下级人民法院立案、审理。

（六）审理和判决

1. 一审普通程序

人民法院应当在立案之日起五日内，将起诉状副本发送被告。被告应当在收到起诉状副本之日起十五日内向人民法院提交作出行政行为的证据和所依据的规范性文件，并提出答辩状。人民法院应当在立案之日起六个月内作出第一审判决。有特殊情况需要延长的，由高级人民法院批准，高级人民法院审理第一审案件需要延长的，由最高人民法院批准。

2. 简易程序

对被诉行政行为是依法当场作出的；案件涉及款额二千元以下的；属于政府信息公开案件的，或当事人各方同意适用简易程序的，人民法院审理时可以适用简易程序。适用简易程序审理的行政案件，由审判员一人独任审理，并应当在立案之日起四十五日内审结。

3. 二审程序

当事人不服人民法院一审判决的，有权在判决书送达之日起十五日内向上一级人民法院提起上诉。当事人不服人民法院一审裁定的，有权在裁定书送达之日起十日内向上一级人民法院提起上诉。逾期不提起上诉的，人民法院的一审判决或者裁定发生法律效力。人民法院审理上诉案件，应当在收到上诉状之日起三个月内作出终审判决。有特殊情况需要延长的，由高级人民法院批准，高级人民法院审理上诉案件需要延长的，由最高人民法院批准。原审人民法院对发回重审的案件作出判决后，当事人提起上诉的，二审人民法院不得再次发回重审。

（七）审判监督程序

当事人对已经发生法律效力的判决、裁定，认为确有错误的，可以向上一级人民法院申请再审，但判决、裁定不停止执行。对属于不予立案或者驳回起诉确有错误的；有新的证据，足以推翻原判决、裁定的；原判决、裁定认定事实的主要证据不足、未经质证或者系伪造的；原判决、裁定适用法律、法规确有错误的；违反法律规定的诉讼程序，可能影响公正审判的；原判决、裁定遗漏诉讼请求的；据以作出原判决、裁定的法律文书被撤销或者变更的；审判人员在审理该案件时有贪污受贿、徇私舞弊、枉法裁判行为的案件，当事人提出申请的，人民法院应当再审。

（八）执行

当事人必须履行人民法院发生法律效力的判决、裁定、调解书。公民、法人或者其他组织拒绝履行判决、裁定、调解书的，行政机关或者第三人可以向一审人民法院申请强制执行，或者由行政机关依法强制执行。行政机关拒绝履行判决、裁定、调解书的，一审人民法院可以对应当归还的罚款或者应当给付的款额，通知银行从该行政机关的账户内划拨；在规定期限内不履行的，从期满之日起，对该行政机关负责人按日处五十元至一百元的罚款；将行政机关拒绝履行的情况予以公告；向监察机关或者该行政机关的上一级行政机关提出司法建议。对拒不履行判决、裁定、调解书，社会影响恶劣的，可以对该行政机关直接负责的主管人员和其他直接责任人员予以拘留；情节严重，构成犯罪的，依法追究刑事责任。行政机关或者行政机关工作人员作出的行政行为侵犯公民、法人或者其他组织的合法权益造成损害的，由该行政机关或者该行政机关工作人员所在的行政机关负责赔偿。行政机关赔偿损失后，应当责令有故意或者重大过失的行政机关工作人员承担部分或者全部赔偿费用。

三、国家赔偿法

国家赔偿以监督行政机关的行政行为是否合法为主要任务。以违法为赔偿前提的归责原则，事实行为造成损害的赔偿责任等赔偿制度的建立，进一步强化了对行政机关依法行政的监督力度。我国于1994年制定，2010年、2012年修订的国家赔偿法，明确了行政赔偿的范围、赔偿请求人和赔偿义务机关、赔偿的程序及赔偿方式和计算标准，为保障公民、法人和其他组织享有依法取得国家赔偿的权利，促进国家机关依法行使职权，提供了基本的法律依据。这部法律就行政赔偿所具体规定的内容主要包括：

（一）行政赔偿的范围

行政机关及其工作人员在行使行政职权时，如存在违法拘留或者违法采取限制公民人身自由的行政强制措施的；非法拘禁或者以其他方法非法剥夺公民人身自由的；以殴打、虐待等行为或者唆使、放纵他人以殴打、虐待等行为造成公民身体伤害或者死亡的；违法使用武器、警械造成公民身体伤害或者死亡的；造成公民身体伤害或者死亡的其他违法行为的，受害人有取得赔偿的权利。行政机关及其工作人员在行使行政职权时，如存在违法实施罚款、吊销许可证和执照、责令停产停业、没收财物等行政处罚的；违法对财产采取查封、扣押、冻结等行政强制措施的；违法征收、征用财产的；造成财产损害的其他违法行为的，受害人有取得赔偿的权利。如属于行政机关工作人员与行使职权无关的个人行为；因公民、法人和其他组织自己的行为致使损害发生的；法律规定的其他情形的，国家不承担赔偿责任。

（二）赔偿请求人和赔偿义务机关

受害的公民、法人和其他组织有权要求赔偿；受害的公民死亡，其继承人和其他有扶养关系的亲属有权要求赔偿；受害的法人或者其他组织终止的，其权利承受人有权要求赔偿。行政机关及其工作人员行使行政职权侵犯公民、法人和其他组织的合法权益造成损害的，该行政机关为赔偿义务机关；两个以上行政机关共同行使行政职权时侵犯公民、法人和其他组织的合法权益造成损害的，共同行使行政职权的行政机关为共同赔偿义务机关；法律、法规授权的组织在行使授予的行政权力时侵犯公民、法人和其他组织的合法权益造成损害的，被授权的组织为赔偿义务机关；受行政机关委托的组织或者个人在行使受委托的行政权力时侵犯公民、法人和其他组织的合法权益造成损害的，委托的行政机关为赔偿义务机关。赔偿义务机关被撤销的，继续行使其职权的行政机关为赔偿义务机关。没有继续行使其职权的行政机关的，撤销该赔偿义务机关的行政机关为赔偿义务机关。

（三）赔偿程序

赔偿请求人要求赔偿，应当先向赔偿义务机关提出，也可以在申请行政复议或者提起行政诉讼时一并提出；赔偿请求人可以向共同赔偿义务机关中的任何一个赔偿义务机关要求赔偿，该赔偿义务机关应当先予赔偿；赔偿请求人根据受到的不同损害，可以同时提出数项赔偿要求。赔偿义务机关应当自收到申请之日起两个月内，作出是否赔偿的决定。赔偿义务机关决定赔偿的，应当制作赔偿决定书，并自作出决定之日起十日内送达赔偿请求人。赔偿义务机关决定不予赔偿的，应当自作出决定之日起十日内书面通知赔偿请求人，并说明不予赔偿的理由。对赔偿作出赔偿或者不予赔偿决定有异议的，赔偿请求人可在三个月内向人民法院提起诉讼。

（四）赔偿方式和计算标准

国家赔偿以支付赔偿金为主要方式。能够返还财产或者恢复原状的，予以返还财产或者恢复原状。侵犯公民人身自由的，每日赔偿金按照国家上年度职工日平均工资计算。

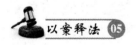

以案释法 05

行政不作为被判败诉

2014年10月16日，李某向河南省某市国土资源局（以下简称市国土局）书面提出申请，请求该局依法查处其所在村的耕地被有关工程项目违法强行占用的行为，并向该局寄送了申请书。市国土局收到申请后，没有受理、立案、处理，也未告知李某，李某遂以市国土局不履行法定职责为由诉至法院，请求确认被告不履行法定职责的行政行为违法，并要求被告对该村土地被强占的违法行为进行查处。

该市某区人民法院一审认为，土地管理部门对上级交办、其他部门移送和群众举报的土地违法案件，应当受理。土地管理部门受理土地违法案件后，应当进行审查，凡符合立案条件的，应当及时立案查处；不符合立案条件的，应当告知交办、移送案件的单位或者举报人。本案原告向被告市国土局提出查处违法占地申请后，被告应当受理，被告既没有受理，也没有告知原告是否立案，故原告要求确认被告不履行法定职责违法，并限期履行法定职责的请求，有事实根据和法律依据，本院予以支持。遂判决：一、确认被告对原告要求查处违法占地申请未予受理的行为违法。二、限被告于本判决生效之日起按《国土资源行政处罚办法》的规定履行法定职责。

　　市国土局不服，提出上诉。该市中级人民法院二审认为，根据《国土资源行政处罚办法》规定，县级以上国土资源主管部门"应当依法立案查处，无正当理由未依法立案查处的"，应当承担相应责任。上诉人市国土局未及时将审查结果告知申请人，上诉人的行为未完全履行工作职责，违反了《国土资源行政处罚办法》第四十五条的相关规定。二审判决驳回上诉，维持原判。

 释解

　　及时处理群众举报、切实履行查处违法占地相关法定职责，回应群众关切、保障土地资源的合法利用是有关土地管理部门的应尽职责。土地资源稀缺、人多地少的现状决定了我国必须实行最严格的土地管理制度，但长期以来土地资源浪费严重，违法违规用地现象普遍，这其中既有土地管理保护不力的原因，也有人民群众难以有效参与保护的因素。公众参与是及时发现和纠正土地违法行为的重要渠道，也是确保落实最严格的土地管理制度的有效手段。依法受理并及时查处人民群众对违法用地行为的举报，是土地管理部门的权力更是义务。对于在处理土地违法案件中，发现违法案件不属于本部门管辖的，也应及时做好相应的案件移送工作。国土资源行政处罚办法第十条明确规定："国土资源主管部门发现违法案件不属于本部门管辖的，应当移送有管辖权的国土资源主管部门或者其他部门。"

第三章

我国国土资源管理法律制度

国土资源管理制度由来已久，新中国成立后，我国的国土资源管理制度首先从土地资源开始，后续扩展到矿产、海洋资源等方面，具体实施也经历了由政府主导到制定法律的发展。现阶段，我国的国土资源法律体系已经基本形成，执法工作得到规范和加强，但仍然有一部分不完全适应经济发展的节奏，需要我们正视。

第一节　国土资源管理法律制度的历史沿革

一、新中国成立后到改革开放前的国土资源管理制度

随着中国共产党领导的新民主主义革命的逐步胜利，土地改革也随之在新政权管辖地逐步推进。新中国成立后五年之内，"耕者有其田"在中国大陆大部分范围内得到彻底实现。

根据《土地改革法》和1954年《中华人民共和国宪法》的规定，农民通过土地改革取得的土地所有权是集占有、使用收益和处置于一体的独立的、完整的、排他的土地所有权，可以自由地从事买卖、出租、典当和赠与。根据1955年《农业生产合作社示范章程草案》规定，在自愿互利的原则下，农民以土地入股，统一经营，按土地股份和劳动数量及质量进行分配。由于加入合作社依据自愿互利原则，农民享有退社自由，初级农业合作社并没有动摇或否定私有制基础，社员仍保留土地所有权，但土地使用权却分离出来由合作社享有。1956年我国掀起农业集体化高潮，初级农业生产合作社均迅速转变成高级农业生产合作社。根据《高级农业生产合作社示范章程》规定，农业生产合作社按照社会主义原则，把社员私有的主要生产资

料转为合作社集体所有。自此,原属社员私有的耕地均转为合作社集体所有,集体土地所有权得以初步建立。

1958年,为了进一步提高农业集体化程度,国家开始在合并高级农业生产合作社的基础上成立了政社合一的人民公社。人民公社成立后,原属于各高级农业生产合作社的土地及高级社阶段允许社员私有的自留地、坟地、宅基地等一切土地,连同耕畜、农具等生产资料以及一切公共财产、公积金、公益金都无偿地收归人民公社所有,人民公社对土地进行统一规划、统一生产、统一管理,分配上取消按劳取酬,实行平均主义,农村建立集体食堂,实行供给制。至此,集体土地所有权完全产生。

二、改革开放后国土资源管理制度的发展

(一)国土资源管理法律体系基本形成

多年来,国土资源主管部门重视加强和完善制度建设,为国土资源事业的科学发展提供了前提和依据。特别是国土资源部建部以来,国土资源管理始终坚持改革决策与立法决策相结合,国土资源法律体系不断健全和完善。我国《宪法》1978年修改时在其第十一条规定了"国家保护环境和自然资源,防治污染和其他公害",这是我国首次把环境资源保护工作列入宪法,将资源节约和环境保护确立为基本国策。自此,我国一直重视资源法制建设,不断加强保护法制建设。

如今,我国的国土资源法律体系已经基本形成,国土资源事业领域的各个方面都已基本有法可依。目前,以《中华人民共和国物权法》《中华人民共和国土地管理法》《中华人民共和国矿产资源法》《中华人民共和国矿可再生能源法》等十七部资源节约和保护方面的法律为基础,以《中华人民共和国土地管理法实施条例》《基本农田保护条例》《中华人民共和国矿产资源法实施细则》等二十多部法规条例与大量的地方性法规和部门政策法规为补充的国土资源体系框架基本形成。

(二)国土资源管理执法工作得到了规范和加强

规范执法和加强监督是推动国土资源事业科学发展的重要保障。多年来,国土资源执法工作不断规范,监督力度也不断加大,为推动我国国土资源事业的科学发展提供了强有力的保障。国土资源系统积极推进行政执法责任制和评议考核制,明确了执法程序,行政执法水平不断提高,违法用地占地现象得到了有效遏制。

(三)国土资源行政管理体制的健全及其职能的转变

健全体制和转变职能是推动国土资源事业科学发展的基础。多年来,我国的国土资源管理体制与制度不断健全,职责分工不断理顺,行政职能不断转变,已经初步建立起了与社会主义市场经济体制相适应的地矿行政工作管理体制。国土资源行政管理体制不断深化,国土资源管理的职能不断转变。1986年,我国第一部矿产资源法生效并实施,这标志着我国矿产资源管理结束了无章可循、无法可依的局面。

随着时代的发展和改革的深化,以及社会主义市场经济体制的初步建立,原来

的矿产资源管理体制已经和社会经济发展不相适应。首次修正后的矿产资源法于1996年开始实施，它突破了我国当时民法物权法领域中还没有的用益物权制度，确立了依法取得探矿权、采矿权的制度。

第二节 国土资源管理法律制度的现状

一、国土资源管理行政审批制度改革快速推进

国土资源主管部门管理着土地和矿产两大稀缺资源，掌握着行政审批权、行政执法权、大额资金预算支配权。近年来，有关部门逐步规范了行政审批的程序，按照接办分离、一个窗口对外的原则，部分项目实现了行政审批的高效便捷和公开透明。

然而，由于工作性质、外部环境、制度建设以及内部管理等问题，如何有效监督制约过于集中的行政权力、更好地服务经济社会发展、有力维护人民群众权益，是当前仍然面临的严峻考验。

二、市场在土地资源配置中基础地位凸显

国土资源市场日趋公平，监管体系日趋完善。应完善国有建设用地使用权出让的招投标相关规定，加大土地供应监管力度，防止寡头垄断和不正当竞争，建立土地出让市场的公平秩序；突出土地供应及开发利用监测与监管，促进已供土地尽快开发建设，落实常态化运行监测监管制度；加大节约集约用地工作力度。

不可否认，现阶段土地市场仍存在各种问题，主要表现在不完整的集体土地所有权导致其无法转移，不明确的集体土地所有权主体引起市场交易主体混乱，不合理的宅基地使用制度割裂了城乡居住用地市场的统一等。这些问题，需要后续工作重点关注解决，以便更好地促进我国社会经济的发展。

三、行政复议工作机制进一步优化

国土资源主管部门保障发展与保护资源的基本任务将长期存在，随着资源开发利用与保护过程中产生的矛盾不断凸显，国土资源领域的行政争议逐年增多，而行政复议是有效化解行政争议的重要法律制度，是维护群众合法权益、强化行政监督和纠错职能的重要手段。2013年，国土资源部下发了《关于进一步加强国土资源行政复议工作的意见》，同时建立了国土资源部行政复议案件会审制度，并对多年来国土资源行政复议工作中所积累的成绩和取得的进步进行总结提炼，不断推进国土资源行政复议工作的规范化建设。

第三节　国土资源管理法律制度的发展与完善

一、推进重点立法，不断完善国土资源管理法律法规体系

第一，根据深化行政审批制度改革的要求，简化行政审批，开展相关法律法规的清理。对实施改革中需要修改的法律、行政法规，按照立法程序做好相关工作。同时，要认真落实立法计划，将改革发展的新经验、改进作风的新做法、需要解决的新问题及时纳入立法内容，加以规范；同时要防止部门利益倾向，提高立法质量。

第二，完善法规、规章应用统一解释制度，做好规章的立法解释、对法律法规适用的行政解释和对国土资源管理工作的指导性意见三类解释工作。

第三，全面加强规范性文件管理。严格落实规范性文件合法性审查制度；严格控制新设行政许可，规范性文件一律不得设定行政许可；规范性文件要全面实行统一登记、统一编号、统一发布制度。

第四，完善规章和规范性文件后评估制度，落实"实时清理、自动更新"机制。合理制定后评估计划，定期发布后评估年度绩效报告，将后评估结果作为立法和制定政策的重要依据。

二、以资源节约集约利用为核心，深入推进改革

第一，运用法治思维持续推进国土资源管理改革。进一步加强国土资源管理重点、难点、热点问题的政策研究，对看得准的，可以直接用立法推动改革；对部分领域法律滞后的，可以遵循一定程序实行重点突破，成熟后及时上升为法律。不能将随意性、权力自授看作改革创新。

第二，要认真总结征地制度改革、耕地占补平衡市场化交易、差别化政策等试点经验，持续推进单独选址项目用地审批、征地制度、集体经营性建设用地流转、煤矿矿业权审批等改革试点，为加快推进节约集约法规供给做好政策储备。

第三，充分利用政策法规基层联系点等工作机制，对农村集体土地流转、农村宅基地管理、城市更新中的土地开发利用政策进行深入调查，加强工作成果的深化、提炼和推广，加强政策的针对性、及时性和有效性。

第四章

土地管理法律制度

　　土地具有多种用途，对于某一块具体土地来说，不同用途的使用会产生不同的环境效能和经济效益；土地所有权及使用权对房地产市场也有重大影响；国家实行基本农田保护制度，保障社会经济发展对农产品的需求；国家出台专门条例，对地图的编制、审核、出版进行相应的规定；根据"十分珍惜、合理利用土地和切实保护耕地的基本国策"，制定《土地复垦条例》，对土地复垦的原则、实施、验收及激励机制做了相应规定。

第一节　土地管理

一、土地权属制度

（一）土地所有权

　　中华人民共和国实行土地的社会主义公有制，即全民所有制和劳动群众集体所有制。

　　城市市区的土地属于国家所有。农村和城市郊区的土地，除由法律规定属于国家所有的以外，属于农民集体所有；宅基地和自留地、自留山，属于农民集体所有。国有土地和农民集体所有的土地，可以依法确定给单位或者个人使用。使用土地的单位和个人，有保护、管理和合理利用土地的义务。

　　国家所有土地的所有权由国务院代表国家行使。农民集体所有的土地依法属于村农民集体所有的，由村集体经济组织或者村民委员会经营、管理；已经分别属于村内两个以上农村集体经济组织的农民集体所有的，由村内各该农村集体经济组织或者村民小组经营、管理；已经属于乡（镇）农民集体所有的，由乡（镇）农村集体经济组织经营、管理。

（二）土地使用权

国有土地可以由单位或者个人承包经营，从事种植业、林业、畜牧业、渔业生产。农民集体所有的土地，可以由本集体经济组织以外的单位或者个人承包经营，从事种植业、林业、畜牧业、渔业生产。承包经营土地的单位和个人，有保护和按照承包合同约定的用途合理利用土地的义务。

单位和个人依法使用的国有土地，由县级以上人民政府登记造册，核发证书，确认使用权。农民集体所有的土地依法用于非农业建设的，由县级人民政府登记造册，核发证书，确认建设用地使用权。

农民集体所有的土地由本集体经济组织的成员承包经营，从事种植业、林业、畜牧业、渔业生产。土地承包经营期限为三十年。在土地承包经营期限内，对个别承包经营者之间承包的土地进行适当调整的，必须经村民会议三分之二以上成员或者三分之二以上村民代表的同意，并报乡（镇）人民政府和县级人民政府农业行政主管部门批准。农民集体所有的土地由本集体经济组织以外的单位或者个人承包经营的，必须经村民会议三分之二以上成员或者三分之二以上村民代表的同意，并报乡（镇）人民政府批准。

（三）土地权属纠纷

土地所有权和使用权争议，由当事人协商解决；协商不成的，由人民政府处理。单位之间的争议，由县级以上人民政府处理；个人之间、个人与单位之间的争议，由乡级人民政府或者县级以上人民政府处理。当事人对有关人民政府的处理决定不服的，可以自接到处理决定通知之日起三十日内，向人民法院起诉。在土地所有权和使用权争议解决前，任何一方不得改变土地利用现状。

二、土地用途管制和土地利用规划

（一）土地利用总体规划的要求

各级人民政府依据国民经济和社会发展规划、国土整治和资源环境保护的要求、土地供给能力以及各项建设对土地的需求，组织编制土地利用总体规划。土地利用总体规划的规划期限由国务院规定。

下级土地利用总体规划应当依据上一级土地利用总体规划编制。地方各级人民政府编制的土地利用总体规划中的建设用地总量不得超过上一级土地利用总体规划确定的控制指标，耕地保有量不得低于上一级土地利用总体规划确定的控制指标。省、自治区、直辖市人民政府编制的土地利用总体规划，应当确保本行政区域内耕地总量不减少。县级土地利用总体规划应当划分土地利用区，明确土地用途。乡（镇）土地利用总体规划应当划分土地利用区，根据土地使用条件，确定每一块土地的用途，并予以公告。

土地利用总体规划编制原则为：第一，严格保护基本农田，控制非农业建设占用农用地；第二，提高土地利用率；第三，统筹安排各类、各区域用地；第四，保护和改善生态环境，保障土地的可持续利用；第五，占用耕地与开发复垦耕地相平衡。

（二）土地利用总体规划的分级审批

土地利用总体规划实行分级审批。省、自治区、直辖市的土地利用总体规划，报国务院批准。省、自治区人民政府所在地的市、人口在一百万以上的城市以及国务院指定的城市的土地利用总体规划，经省、自治区人民政府审查同意后，报国务院批准。前述以外的土地利用总体规划，逐级上报省、自治区、直辖市人民政府批准；其中，乡（镇）土地利用总体规划可以由省级人民政府授权的设区的市、自治州人民政府批准。

（三）各级土地利用规划之间的协调

城市建设用地规模应当符合国家规定的标准，充分利用现有建设用地，不占或者尽量少占农用地。城市总体规划、村庄和集镇规划，应当与土地利用总体规划相衔接，城市总体规划、村庄和集镇规划中建设用地规模不得超过土地利用总体规划确定的城市和村庄、集镇建设用地规模。在城市规划区内、村庄和集镇规划区内，城市和村庄、集镇建设用地应当符合城市规划、村庄和集镇规划。

江河、湖泊综合治理和开发利用规划，应当与土地利用总体规划相衔接。在江河、湖泊、水库的管理和保护范围以及蓄洪滞洪区内，土地利用应当符合江河、湖泊综合治理和开发利用规划，符合河道、湖泊行洪、蓄洪和输水的要求。

各级人民政府应当加强土地利用计划管理，实行建设用地总量控制。土地利用年度计划，根据国民经济和社会发展计划、国家产业政策、土地利用总体规划以及建设用地和土地利用的实际状况编制。

以案释法 06

耕地改养殖水面要办理农转用吗？

农民张某准备在自家承包的2000平方米的耕地上（不是基本农田）从事野生甲鱼养殖，需要用大块水泥砖垒成长180米，宽11米，高2米多的围墙和40多平方米的简易看护房，围墙内不需要打水泥地坪，只需把围墙内空地用90公分高的矮墙隔成200平方米左右的水池，即可放养野生甲鱼。但县国土资源局知道后，要求张某根据土地管理法第四十四条办理农用地转用审批手续，否则修建后按违法占地处罚，既要拆除，还要每平方米罚款30元。

本案主要涉及农用地转用的含义和农业结构调整的问题。

我国实行土地用途管制制度。国家编制土地利用总体规划，规定土地用途，将土地分为农用地、建设用地和未利用地，并且严格限制农用地转为建设用地，控制建设用地总量，对耕地实行特殊保护。在耕地中，国家对基本农田的保护比一般意义上的耕地的保护又更为严格。土地管理法第四条对农用地、建设用地及未利用地的概念作出了规定，即农用地是指直接用于农业生产的土地，包括耕地、林地、草地、农田水利用地、养殖水面等；建设用地是指建造建筑物、构筑物的土地，包括城乡住宅和公共设施用地、工矿用地、交通水利设施用地、旅游用地、军事设施用地等；未利用地是指农用地和建设用地以外的土地。土地管理法第四十四条规定，建设占用土地，涉及农用地转为建设用地的，应当办理农用地转用审批手续。由此可见，凡是农用地，包括耕地、林地、草地、农田水利用地、养殖水面等要改为建设用地，必须依法办理农用地转用审批手续。

本案中，张某欲从事野生甲鱼养殖，需要将耕地改为养殖水面。养殖水面是指人工开挖或天然形成的专门用于水产养殖的坑塘水面及相应附属设施用地。国土资源部制定的《全国土地分类》规定，养殖水面属于农用地的一种，虽然将耕地改为养殖水面属于农业结构的调整，在一定意义上说是农村土地的调整，其出发点是使农产品的品种结构、品质结构和区域结构更加合理，但张某修建的野生甲鱼养殖场的规模达到了申请转用的条件，必须依法办理农用地转用审批手续，并做到耕地"占一补一"。

第二节　城市房地产管理

一、房地产开发

（一）土地使用权出让

土地使用权出让，是指国家将国有土地使用权（以下简称土地使用权）在一定年限内出让给土地使用者，由土地使用者向国家支付土地使用权出让金的行为。城市规划区内的集体所有的土地，经依法征收转为国有土地后，该幅国有土地的使用权方可有偿出让。

土地使用权出让，必须符合土地利用总体规划、城市规划和年度建设用地计划。县级以上地方人民政府出让土地使用权用于房地产开发的，须根据省级以上人民政府下达的控制指标拟订年度出让土地使用权总面积方案，按照国务院规定，报国务院或者省级人民政府批准。土地使用权出让，由市、县人民政府有计划、有步骤地进行。出让的每幅地块、用途、年限和其他条件，由市、县人民政府土地管理部门会同城市规划、建设、房产管理部门共同拟定方案，按照国务院规定，报经有批准权的人民政府批准后，由市、县人民政府土地管理部门实施。

土地使用权出让，可以采取拍卖、招标或者双方协议的方式。商业、旅游、娱乐和豪华住宅用地，有条件的，必须采取拍卖、招标方式；没有条件，不能采取拍卖、招标方式的，可以采取双方协议的方式。采取双方协议方式出让土地使用权的出让金不得低于按国家规定所确定的最低价。

土地使用权出让最高年限由国务院规定。土地使用权出让，应当由市、县人民政府土地管理部门与土地使用者签订书面出让合同。土地使用者必须按照出让合同约定，支付土地使用权出让金；未按照出让合同约定支付土地使用权出让金的，土地管理部门有权解除合同，并可以请求违约赔偿。土地使用者按照出让合同约定支付土地使用权出让金的，市、县人民政府土地管理部门必须按照出让合同约定，提供出让的土地；未按照出让合同约定提供出让的土地的，土地使用者有权解除合同，由土地管理部门返还土地使用权出让金，土地使用者并可以请求违约赔偿。国家对土地使用者依法取得的土地使用权，在出让合同约定的使用年限届满前不收回；在特殊情况下，根据社会公共利益的需要，可以依照法律程序提前收回，并根据土地使用者使用土地的实际年限和开发土地的实际情况给予相应的补偿。

土地使用者需要改变土地使用权出让合同约定的土地用途的，必须取得出让方和市、县人民政府城市规划行政主管部门的同意，签订土地使用权出让合同变更协议或者重新签订土地使用权出让合同，相应调整土地使用权出让金。

土地使用权出让金应当全部上缴财政，列入预算，用于城市基础设施建设和土地开发。

土地使用权出让合同约定的使用年限届满，土地使用者需要继续使用土地的，应当至迟于届满前一年申请续期，除根据社会公共利益需要收回该幅土地的，应当予以批准。经批准准予续期的，应当重新签订土地使用权出让合同，依照规定支付土地使用权出让金。

土地使用权出让合同约定的使用年限届满，土地使用者未申请续期或者虽申请续期但依照前款规定未获批准的，土地使用权由国家无偿收回。

（二）土地使用权划拨

土地使用权划拨，是指县级以上人民政府依法批准，在土地使用者缴纳补偿、安置等费用后将该幅土地交付其使用，或者将土地使用权无偿交付给土地使用者使用的行为。依照本法规定以划拨方式取得土地使用权的，除法律、行政法规另有规定外，没有使用期限的限制。

下列建设用地的土地使用权，确属必需的，可以由县级以上人民政府依法批准划拨：第一，国家机关用地和军事用地；第二，城市基础设施用地和公益事业用地；第三，国家重点扶持的能源、交通、水利等项目用地；第四，法律、行政法规规定的其他用地。

（三）土地的开发

依法取得的土地使用权，可以依照有关法律、行政法规的规定，作价入股，合资、合作开发经营房地产。以出让方式取得土地使用权进行房地产开发的，必须按照土地使用权出让合同约定的土地用途、动工开发期限开发土地。超过出让合同约定的动工开发日期满一年未动工开发的，可以征收相当于土地使用权出让金百分之二十以下的土地闲置费；满二年未动工开发的，可以无偿收回土地使用权；但是，因不可抗力或者政府、政府有关部门的行为或者动工开发必需的前期工作造成动工开发迟延的除外。

二、房地产交易

房地产转让、抵押时，房屋的所有权和该房屋占用范围内的土地使用权同时转让、抵押。

（一）房地产转让

房地产转让，应当签订书面转让合同，合同中应当载明土地使用权取得的方式。

以出让方式取得土地使用权的，转让房地产时，应当符合下列条件：第一，按照出让合同约定已经支付全部土地使用权出让金，并取得土地使用权证书；第二，按照出让合同约定进行投资开发，属于房屋建设工程的，完成开发投资总额的百分之二十五以上，属于成片开发土地的，形成工业用地或者其他建设用地条件。转让房地产时房屋已经建成的，还应当持有房屋所有权证书。

以划拨方式取得土地使用权的，转让房地产时，应当按照国务院规定，报有批准权的人民政府审批。有批准权的人民政府准予转让的，应当由受让方办理土地使用权出让手续，并依照国家有关规定缴纳土地使用权出让金。以划拨方式取得土地使用权的，转让房地产报批时，有批准权的人民政府按照国务院规定决定可以不办理土地使用权出让手续的，转让方应当按照国务院规定将转让房地产所获收益中的土地收益上缴国家或者作其他处理。

房地产转让时，土地使用权出让合同载明的权利、义务随之转移。以出让方式取得土地使用权的，转让房地产后，其土地使用权的使用年限为原土地使用权出让合同约定的使用年限减去原土地使用者已经使用年限后的剩余年限。转让房地产后，受让人改变原土地使用权出让合同约定的土地用途的，必须取得原出让方和市、县人民政府城市规划行政主管部门的同意，签订土地使用权出让合同变更协议或者重新签订土地使用权出让合同，相应调整土地使用权出让金。

商品房预售，应当符合下列条件：第一，已交付全部土地使用权出让金，取得土地使用权证书；第二，持有建设工程规划许可证；第三，按提供预售的商品房计算，投入开发建设的资金达到工程建设总投资的百分之二十五以上，并已经确定施工进度和竣工交付日期；第四，向县级以上人民政府房产管理部门办理预售登记，取得商品房预售许可证明。

（二）房地产抵押

依法取得的房屋所有权连同该房屋占用范围内的土地使用权，可以设定抵押权。以出让方式取得的土地使用权，可以设定抵押权。房地产抵押，应当凭土地使用权证书、房屋所有权证书办理。

设定房地产抵押权的土地使用权是以划拨方式取得的，依法拍卖该房地产后，应当从拍卖所得的价款中缴纳相当于应缴纳的土地使用权出让金的款额后，抵押权人方可优先受偿。

（三）房屋租赁

以营利为目的，房屋所有权人将以划拨方式取得使用权的国有土地上建成的房屋出租的，应当将租金中所含土地收益上缴国家。

三、房地产权属登记管理

国家实行土地使用权和房屋所有权登记发证制度。

以出让或者划拨方式取得土地使用权，应当向县级以上地方人民政府土地管理部门申请登记，经县级以上地方人民政府土地管理部门核实，由同级人民政府颁发土地使用权证书。在依法取得的房地产开发用地上建成房屋的，应当凭土地使用权证书向县级以上地方人民政府房产管理部门申请登记，由县级以上地方人民政府房产管理部门核实并颁发房屋所有权证书。

房地产转让或者变更时，应当向县级以上地方人民政府房产管理部门申请房产变更登记，并凭变更后的房屋所有权证书向同级人民政府土地管理部门申请土地使用权变更登记，经同级人民政府土地管理部门核实，由同级人民政府更换或者更改土地使用权证书。法律另有规定的，依照有关法律的规定办理。

房地产抵押时，应当向县级以上地方人民政府规定的部门办理抵押登记。因处分抵押房地产而取得土地使用权和房屋所有权的，应当依照本章规定办理过户登记。

经省、自治区、直辖市人民政府确定，县级以上地方人民政府由一个部门统一负责房产管理和土地管理工作的，可以制作、颁发统一的房地产权证书，将房屋的所有权和该房屋占用范围内的土地使用权的确认和变更，分别载入房地产权证书。

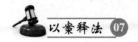
土地闲置纠纷

2003年6月10日，经省政府批准，甲公司以协议出让方式取得使用面积为6000平方米的国有土地使用权。在2004年建造了1000平方米的仓库后，其余土地再未动工建设。由于土地长期未开发利用，县国土局多次发文通知该公司进行处理，但甲公司一直不予理睬。2007年，该土地被确定为闲置两年以上土地，县国土局按规定予以回收。

释解

城市房地产管理法第二十六条规定："以出让方式取得土地使用权进行房地产开发的，必须按照土地使用权出让合同约定的土地用途、动工开发期限开发土地。超过出让合同约定的动工开发日期满一年未动工开发的，可以征收相当于土地使用权出让金百分之二十以下的土地闲置费；满二年未动工开发的，可以无偿收回土地使用权；但是，因不可抗力或者政府、政府有关部门的行为或者动工开发必需的前期工作造成动工开发迟延的除外。"

本案中甲公司通过出让方式获得土地使用权，然而仅仅开发利用了其中一小部分土地，其余大部分土地长期未得到开发，属于闲置土地。依据城市房地产管理法第二十六条的规定，政府对该公司闲置的土地应当依法无偿收回，因此，县国土资源局的做法是合法的。

第三节　基本农田保护

一、基本农田的划定

各级人民政府在编制土地利用总体规划时，应当将基本农田保护作为规划的一项内容，明确基本农田保护的布局安排、数量指标和质量要求。县级和乡（镇）土地利用总体规划应当确定基本农田保护区。省、自治区、直辖市划定的基本农田应当占本行政区域内耕地总面积的80%以上，具体数量指标根据全国土地利用总体规划逐级分解下达。

下列耕地应当划入基本农田保护区：第一，经国务院有关主管部门或者县级以上地方人民政府批准确定的粮、棉、油生产基地内的耕地；第二，有良好的水利与水土保持设施的耕地，正在实施改造计划以及可以改造的中、低产田；第三，蔬菜生产基地；第四，农业科研、教学试验田。根据土地利用总体规划，铁路、公路等交通沿线，城市和村庄、集镇建设用地区周边的耕地，应当优先划入基本农田保护区；需要退耕还林、还牧、还湖的耕地，不应当划入基本农田保护区。

基本农田保护区以乡（镇）为单位划区定界，由县级人民政府土地行政主管部门会同同级农业行政主管部门组织实施。划定的基本农田保护区，由县级人民政府设立保护标志，予以公告，由县级人民政府土地行政主管部门建立档案，并抄送同级农业行政主管部门。任何单位和个人不得破坏或者擅自改变基本农田保护区的保护标志。

基本农田划区定界后，由省、自治区、直辖市人民政府组织土地行政主管部门和农业行政主管部门验收确认，或者由省、自治区人民政府授权设区的市、自治州人民政府组织土地行政主管部门和农业行政主管部门验收确认。划定基本农田保护区时，不得改变土地承包者的承包经营权。

二、基本农田的保护

地方各级人民政府应当采取措施，确保土地利用总体规划确定的本行政区域内基本农田的数量不减少。基本农田保护区经依法划定后，任何单位和个人不得改变或者占用。国家能源、交通、水利、军事设施等重点建设项目选址确实无法避开基本农田保护区，需要占用基本农田，涉及农用地转用或者征收土地的，必须经国务院批准。

经国务院批准占用基本农田的，当地人民政府应当按照国务院的批准文件修改土地利用总体规划，并补充划入数量和质量相当的基本农田。占用单位应当按照占多少、垦多少的原则，负责开垦与所占基本农田的数量与质量相当的耕地；没有条件开垦或者开垦的耕地不符合要求的，应当按照省、自治区、直辖市的规定缴纳耕地开垦费，专款用于开垦新的耕地。占用基本农田的单位应当按照县级以上地方人民政府的要求，将所占用基本农田耕作层的土壤用于新开垦耕地、劣质地或者其他耕地的土壤改良。

禁止任何单位和个人在基本农田保护区内建窑、建房、建坟、挖砂、采石、采矿、取土、堆放固体废弃物或者进行其他破坏基本农田的活动。禁止任何单位和个人占用基本农田发展林果业和挖塘养鱼。

禁止任何单位和个人闲置、荒芜基本农田。经国务院批准的重点建设项目占用基本农田的，满一年不使用而又可以耕种并收获的，应当由原耕种该幅基本农田的集体或者个人恢复耕种，也可以由用地单位组织耕种；一年以上未动工建设的，应当按照省、自治区、直辖市的规定缴纳闲置费；连续两年未使用的，经国务院批准，由县级以上人民政府无偿收回用地单位的土地使用权；该幅土地原为农民集体所有的，应当交由原农村集体经济组织恢复耕种，重新划入基本农田保护区。承包经营基本农田的单位或者个人连续两年弃耕抛荒的，原发包单位应当终止承包合同，收回发包的基本农田。

国家提倡和鼓励农业生产者对其经营的基本农田施用有机肥料，合理施用化肥和农药。利用基本农田从事农业生产的单位和个人应当保持和培肥地力。

县级人民政府应当根据当地实际情况制定基本农田地力分等定级办法，由农业行政主管部门会同土地行政主管部门组织实施，对基本农田地力分等定级，并建立档案。农村集体经济组织或者村民委员会应当定期评定基本农田地力等级。县级以上地方各级人民政府农业行政主管部门应当逐步建立基本农田地力与施肥效益长期定位监测网点，定期向本级人民政府提出基本农田地力变化状况报告以及相应的地力保护措施，并为农业生产者提供施肥指导服务。

县级以上人民政府农业行政主管部门应当会同同级环境保护行政主管部门对基本农田环境污染进行监测和评价，并定期向本级人民政府提出环境质量与发展趋势的报告。经国务院批准占用基本农田兴建国家重点建设项目的，必须遵守国家有关建设项目环境保护管理的规定。在建设项目环境影响报告书中，应当有基本农田环境保护方案。向基本农田保护区提供肥料和作为肥料的城市垃圾、污泥的，应当符合国家有关标准。因发生事故或者其他突发性事件，造成或者可能造成基本农田环境污染事故的，当事人必须立即采取措施处理，并向当地环境保护行政主管部门和农业行政主管部门报告，接受调查处理。

三、监督管理

在建立基本农田保护区的地方，县级以上地方人民政府应当与下一级人民政府签订基本农田保护责任书；乡（镇）人民政府应当根据与县级人民政府签订的基本农田保护责任书的要求，与农村集体经济组织或者村民委员会签订基本农田保护责任书。基本农田保护责任书应当包括下列内容：第一，本农田的范围、面积、地块；第二，基本农田的地力等级；第三，保护措施；第四，当事人的权利与义务；第五，奖励与处罚。

县级以上地方人民政府应当建立基本农田保护监督检查制度，定期组织土地行政主管部门、农业行政主管部门以及其他有关部门对基本农田保护情况进行检查，将检查情况书面报告上一级人民政府。被检查的单位和个人应当如实提供有关情况和资料，不得拒绝。

县级以上地方人民政府土地行政主管部门、农业行政主管部门对本行政区域内发生的破坏基本农田的行为，有权责令纠正。

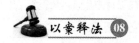

胡某非法占用农用地案

2013年11月初，被告人胡某租用某村村南的8.75亩耕地用于开毛巾厂。2013年11月24日胡某开始在租用的土地上施工，2013年11月26日市国土资源局向胡某下达责令停止国土资源违法行为通知书，责令其停止施工。但是胡某仍继续施工，建成厂房、办公室等建筑物。经市国土资源局鉴定，胡某未经县级以上人民政府批准，非法占用基本农田8.75亩建造厂房，且破坏基本农田面积已达5亩以上。该宗非法占用的耕地，不仅数量较大，而且破坏了耕作层，已造成种植条件严重破坏。

我国《基本农田保护条例》第三十三条规定："违反本条例规定，占用基本农田建窑、建房、建坟、挖砂、采石、采矿、取土、堆放固体废弃物或者从事其他活动破坏基本农田，毁坏种植条件的，由县级以上人民政府土地行政主管部门责令改正或者治理，恢复原种植条件，处占用基本农田的耕地开垦费1倍以上2倍以下的罚款；构成犯罪的，依法追究刑事责任。"刑法第三百四十二条规定："违反土地管理法规，非法占用耕地、林地等农用地，改变被占用土地用途，数量较大，造成耕地、林地等农用地大量毁坏的，处五年以下有期徒刑或者拘役，并处或者单处罚金。"

本案中，被告人胡某违反土地管理法规，未经批准非法占用基本农田8.75亩用于非农建设，数量较大，且造成5亩以上土地种植条件严重毁坏，不仅违反了基本农田保护条例，其行为已经触犯了刑法第三百四十二条的规定，构成非法占用农用地罪。

第四节　土地测绘与地图管理

一、测绘法律

（一）基本概况

测绘，是指对自然地理要素或者地表人工设施的形状、大小、空间位置及其属性等进行测定、采集、表述以及对获取的数据、信息、成果进行处理和提供的活动。为了加强测绘管理，促进测绘事业发展，保障测绘事业为国家经济建设、国防建设和社会发展服务，我国专门制定了测绘法，适用于在中华人民共和国领域和管辖的其他海域从事的测绘活动。

国务院测绘行政主管部门负责全国测绘工作的统一监督管理。国务院其他有关部门按照国务院规定的职责分工，负责本部门有关的测绘工作。县级以上地方人民政府负责管理测绘工作的行政部门（以下简称测绘行政主管部门）负责本行政区域测绘工作的统一监督管理。县级以上地方人民政府其他有关部门按照本级人民政府规定的职责分工，负责本部门有关的测绘工作。军队测绘主管部门负责管理军事部门的测绘工作，并按照国务院、中央军事委员会规定的职责分工负责管理海洋基础测绘工作。

国家鼓励测绘科学技术的创新和进步，采用先进的技术和设备，提高测绘水平。对在测绘科学技术进步中作出重要贡献的单位和个人，按照国家有关规定给予奖励。

外国的组织或者个人在中华人民共和国领域和管辖的其他海域从事测绘活动，必须经国务院测绘行政主管部门会同军队测绘主管部门批准，并遵守中华人民共和国的有关法律、行政法规的规定。外国的组织或者个人在中华人民共和国领域从事测绘活动，必须与中华人民共和国有关部门或者单位依法采取合资、合作的形式进行，并不得涉及国家秘密和危害国家安全。

有下列行为之一的，责令停止违法行为，没收测绘成果和测绘工具，并处一万元以上十万元以下的罚款；情节严重的，并处十万元以上五十万元以下的罚款，责令限期离境；所获取的测绘成果属于国家秘密，构成犯罪的，依法追究刑事责任：第一，外国的组织或者个人未经批准，擅自在中华人民共和国领域和管辖的其他海域从事测绘活动的；第二，外国的组织或者个人未与中华人民共和国有关部门或者单位合资、合作，擅自在中华人民共和国领域从事测绘活动的。

（二）测绘成果

国家实行测绘成果汇交制度。

测绘项目完成后，测绘项目出资人或者承担国家投资的测绘项目的单位，应当向国务院测绘行政主管部门或者省、自治区、直辖市人民政府测绘行政主管部门汇交测绘成果资料。属于基础测绘项目的，应当汇交测绘成果副本；属于非基础测绘项目的，应当汇交测绘成果目录。负责接收测绘成果副本和目录的测绘行政主管部门应当出具测绘成果汇交凭证，并及时将测绘成果副本和目录移交给保管单位。测绘成果汇交的具体办法由国务院规定。国务院测绘行政主管部门和省、自治区、直辖市人民政府测绘行政主管部门应当定期编制测绘成果目录，向社会公布。

不汇交测绘成果资料的，责令限期汇交；逾期不汇交的，对测绘项目出资人处以重测所需费用一倍以上二倍以下的罚款；对承担国家投资的测绘项目的单位处一万元以上五万元以下的罚款，暂扣测绘资质证书，自暂扣测绘资质证书之日起六个月内仍不汇交测绘成果资料的，吊销测绘资质证书，并对负有直接责任的主管人员和其他直接责任人员依法给予行政处分。测绘成果质量不合格的，责令测绘单位补测或者重测；情节严重的，责令停业整顿，降低资质等级直至吊销测绘资质证书；给用户造成损失的，依法承担赔偿责任。

测绘成果保管单位应当采取措施保障测绘成果的完整和安全，并按照国家有关规定向社会公开和提供利用。测绘成果属于国家秘密的，适用国家保密法律、行政法规的规定；需要对外提供的，按照国务院和中央军事委员会规定的审批程序执行。

使用财政资金的测绘项目和使用财政资金的建设工程测绘项目，有关部门在批准立项前应当征求本级人民政府测绘行政主管部门的意见，有适宜测绘成果的，应当充分利用已有的测绘成果，避免重复测绘。

基础测绘成果和国家投资完成的其他测绘成果，用于国家机关决策和社会公益性事业的，应当无偿提供。其余测绘成果，依法实行有偿使用制度；但是，政府及其有关部门和军队因防灾、减灾、国防建设等公共利益的需要，可以无偿使用。测绘成果使用的具体办法由国务院规定。

中华人民共和国领域和管辖的其他海域的位置、高程、深度、面积、长度等重要地理信息数据，由国务院测绘行政主管部门审核，并与国务院其他有关部门、军队测绘主管部门会商后，报国务院批准，由国务院或者国务院授权的部门公布。

各级人民政府应当加强对编制、印刷、出版、展示、登载地图的管理，保证地图质量，维护国家主权、安全和利益。具体办法由国务院规定。各级人民政府应当加强对国家版图意识的宣传教育，增强公民的国家版图意识。测绘单位应当对其完成的测绘成果质量负责。县级以上人民政府测绘行政主管部门应当加强对测绘成果质量的监督管理。

编制、印刷、出版、展示、登载的地图发生错绘、漏绘、泄密，危害国家主权或者安全，损害国家利益，构成犯罪的，依法追究刑事责任；尚不够刑事处罚的，依法给予行政处罚或者行政处分。

（三）测量标志保护

永久性测量标志，是指各等级的三角点、基线点、导线点、军用控制点、重力点、天文点、水准点和卫星定位点的木质觇标、钢质觇标和标石标志，以及用于地形测图、工程测量和形变测量的固定标志和海底大地点设施。永久性测量标志的建设单位应当对永久性测量标志设立明显标记，并委托当地有关单位指派专人负责保管。任何单位和个人不得损毁或者擅自移动永久性测量标志和正在使用中的临时性测量标志，不得侵占永久性测量标志用地，不得在永久性测量标志安全控制范围内从事危害测量标志安全和使用效能的活动。

进行工程建设，应当避开永久性测量标志；确实无法避开，需要拆迁永久性测量标志或者使永久性测量标志失去效能的，应当经国务院测绘行政主管部门或者省、自治区、直辖市人民政府测绘行政主管部门批准；涉及军用控制点的，应当征得军队测绘主管部门的同意。所需迁建费用由工程建设单位承担。

测绘人员使用永久性测量标志，必须持有测绘作业证件，并保证测量标志的完好。保管测量标志的人员应当查验测量标志使用后的完好状况。

县级以上人民政府应当采取有效措施加强测量标志的保护工作。县级以上人民政府测绘行政主管部门应当按照规定检查、维护永久性测量标志。乡级人民政府应当做好本行政区域内的测量标志保护工作。

有下列行为之一的，给予警告，责令改正，可以并处五万元以下的罚款；造成损失的，依法承担赔偿责任；构成犯罪的，依法追究刑事责任；尚不够刑事处罚的，对负有直接责任的主管人员和其他直接责任人员，依法给予行政处分：第一，损毁或者擅自移动永久性测量标志和正在使用中的临时性测量标志的；第二，侵占永久性测量标志用地的；第三，在永久性测量标志安全控制范围内从事危害测量标志安全和使用效能的活动的；第四，在测量标志占地范围内，建设影响测量标志使用效能的建筑物的；第五，擅自拆除永久性测量标志或者使永久性测量标志失去使用效能，或者拒绝支付迁建费用的；第六，违反操作规程使用永久性测量标志，造成永久性测量标志毁损的。

二、地图管理

我国地图管理条例自2016年1月1日起施行，在中华人民共和国境内从事向社会公开的地图的编制、审核、出版和互联网地图服务以及监督检查活动，属于该条例规范范围。

地图工作应当遵循维护国家主权、保障地理信息安全、方便群众生活的原则。地图的编制、审核、出版和互联网地图服务应当遵守有关保密法律、法规的规定。

国务院测绘地理信息行政主管部门负责全国地图工作的统一监督管理。国务院其他有关部门按照国务院规定的职责分工，负责有关的地图工作。县级以上地方人民政府负责管理测绘地理信息工作的行政部门（以下简称"测绘地理信息行政主管部门"）负责本行政区域地图工作的统一监督管理。县级以上地方人民政府其他有关部门按照本级人民政府规定的职责分工，负责有关的地图工作。

各级人民政府及其有关部门、新闻媒体应当加强国家版图宣传教育，增强公民的国家版图意识。国家版图意识教育应当纳入中小学教学内容。公民、法人和其他组织应当使用正确表示国家版图的地图。

国家鼓励编制和出版符合标准和规定的各类地图产品，支持地理信息科学技术创新和产业发展，加快地理信息产业结构调整和优化升级，促进地理信息深层次应用。县级以上人民政府应当建立健全政府部门间地理信息资源共建共享机制。县级以上人民政府测绘地理信息行政主管部门应当采取有效措施，及时获取、处理、更新基础地理信息数据，通过地理信息公共服务平台向社会提供地理信息公共服务，实现地理信息数据开放共享。

第五节　土地复垦

一、一般规定

（一）责任主体

生产建设活动损毁的土地，按照"谁损毁，谁复垦"的原则，由生产建设单位或者个人（以下简称"土地复垦义务人"）负责复垦。但是，由于历史原因无法确定土地复垦义务人的生产建设活动损毁的土地（以下简称"历史遗留损毁土地"），由县级以上人民政府负责组织复垦。自然灾害损毁的土地，由县级以上人民政府负责组织复垦。

（二）原则

土地复垦应当坚持科学规划、因地制宜、综合治理、经济可行、合理利用的原则。复垦的土地应当优先用于农业。

（三）管理体制

国务院国土资源主管部门负责全国土地复垦的监督管理工作。县级以上地方人民政府国土资源主管部门负责本行政区域土地复垦的监督管理工作。县级以上人民政府其他有关部门依照本条例的规定和各自的职责做好土地复垦有关工作。

县级以上地方人民政府国土资源主管部门应当建立土地复垦监测制度，及时掌握本行政区域土地资源损毁和土地复垦效果等情况。国务院国土资源主管部门和省、自治区、直辖市人民政府国土资源主管部门应当建立健全土地复垦信息管理系统，收集、汇总和发布土地复垦数据信息。

县级以上人民政府国土资源主管部门应当依据职责加强对土地复垦情况的监督检查。被检查的单位或者个人应当如实反映情况，提供必要的资料。任何单位和个人不得扰乱、阻挠土地复垦工作，破坏土地复垦工程、设施和设备。

（四）标准

编制土地复垦方案、实施土地复垦工程、进行土地复垦验收等活动，应当遵守土地复垦国家标准；没有国家标准的，应当遵守土地复垦行业标准。制定土地复垦国家标准和行业标准，应当根据土地损毁的类型、程度、自然地理条件和复垦的可行性等因素，分类确定不同类型损毁土地的复垦方式、目标和要求等。

二、土地复垦的实施

（一）生产建设活动损毁土地的复垦

1. 范围

下列损毁土地由土地复垦义务人负责复垦：第一，露天采矿、烧制砖瓦、挖沙取土等地表挖掘所损毁的土地；第二，地下采矿等造成地表塌陷的土地；第三，堆放采矿剥离物、废石、矿渣、粉煤灰等固体废弃物压占的土地；第四，能源、交通、水利等基础设施建设和其他生产建设活动临时占用所损毁的土地。

2. 方案

土地复垦义务人应当按照土地复垦标准和国务院国土资源主管部门的规定编制土地复垦方案。土地复垦方案应当包括下列内容：第一，项目概况和项目区土地利用状况；第二，损毁土地的分析预测和土地复垦的可行性评价；第三，土地复垦的目标任务；第四，土地复垦应当达到的质量要求和采取的措施；第五，土地复垦工程和投资估（概）算；第六，土地复垦费用的安排；第七，土地复垦工作计划与进度安排；第八，国务院国土资源主管部门规定的其他内容。

土地复垦义务人应当在办理建设用地申请或者采矿权申请手续时，随有关报批材料报送土地复垦方案。土地复垦义务人未编制土地复垦方案或者土地复垦方案不符合要求的，有批准权的人民政府不得批准建设用地，有批准权的国土资源主管部门不得颁发采矿许可证。

土地复垦义务人应当按照土地复垦方案开展土地复垦工作。矿山企业还应当对土地损毁情况进行动态监测和评价。生产建设周期长、需要分阶段实施复垦的，土地复垦义务人应当对土地复垦工作与生产建设活动统一规划、统筹实施，根据生产建设进度确定各阶段土地复垦的目标任务、工程规划设计、费用安排、工程实施进度和完成期限等。土地复垦义务人应当将土地复垦费用列入生产成本或者建设项目总投资。

土地复垦义务人应当建立土地复垦质量控制制度，遵守土地复垦标准和环境保护标准，保护土壤质量与生态环境，避免污染土壤和地下水。土地复垦义务人应当首先对拟损毁的耕地、林地、牧草地进行表土剥离，剥离的表土用于被损毁土地的复垦。禁止将重金属污染物或者其他有毒有害物质用作回填或者充填材料。受重金属污染物或者其他有毒有害物质污染的土地复垦后，达不到国家有关标准的，不得用于种植食用农作物。

土地复垦义务人应当于每年12月31日前向县级以上地方人民政府国土资源主管部门报告当年的土地损毁情况、土地复垦费用使用情况以及土地复垦工程实施情况。县级以上地方人民政府国土资源主管部门应当加强对土地复垦义务人使用土地复垦费用和实施土地复垦工程的监督。

3. 复垦费

土地复垦义务人不复垦，或者复垦验收中经整改仍不合格的，应当缴纳土地复垦费，由有关国土资源主管部门代为组织复垦。确定土地复垦费的数额，应当综合考虑损毁前的土地类型、实际损毁面积、损毁程度、复垦标准、复垦用途和完成复垦任务所需的工程量等因素。土地复垦费的具体征收使用管理办法，由国务院财政、价格主管部门商国务院有关部门制定。土地复垦义务人缴纳的土地复垦费专项用于土地复垦。任何单位和个人不得截留、挤占、挪用。

（二）历史遗留损毁土地和自然灾害损毁土地的复垦

国家对历史遗留损毁土地和自然灾害损毁土地的复垦按项目实施管理。县级以上人民政府国土资源主管部门应当根据土地复垦专项规划和年度土地复垦资金安排情况确定年度复垦项目。

县级以上人民政府国土资源主管部门应当对历史遗留损毁土地和自然灾害损毁土地进行调查评价。在调查评价的基础上，根据土地利用总体规划编制土地复垦专项规划，确定复垦的重点区域以及复垦的目标任务和要求，报本级人民政府批准后组织实施。

对历史遗留损毁土地和自然灾害损毁土地，县级以上人民政府应当投入资金进行复垦，或者按照"谁投资，谁受益"的原则，吸引社会投资进行复垦。土地权利人明确的，可以采取扶持、优惠措施，鼓励土地权利人自行复垦。

三、土地复垦验收

土地复垦义务人按照土地复垦方案的要求完成土地复垦任务后，应当按照国务院国土资源主管部门的规定向所在地县级以上地方人民政府国土资源主管部门申请验收，接到申请的国土资源主管部门应当会同同级农业、林业、环境保护等有关部门进行验收。负责组织验收的国土资源主管部门应当会同有关部门在接到土地复垦验收申请之日起六十个工作日内完成验收，经验收合格的，向土地复垦义务人出具验收合格确认书；经验收不合格的，向土地复垦义务人出具书面整改意见，列明需要整改的事项，由土地复垦义务人整改完成后重新申请验收。

政府投资的土地复垦项目竣工后，负责组织实施土地复垦项目的国土资源主管部门应当依照《土地复垦条例》第二十八条第二款的规定进行初步验收。初步验收完成后，负责组织实施土地复垦项目的国土资源主管部门应当按照国务院国土资源主管部门的规定向上级人民政府国土资源主管部门申请最终验收。上级人民政府国土资源主管部门应当会同有关部门及时组织验收。

土地权利人自行复垦或者社会投资进行复垦的土地复垦项目竣工后，由负责组织实施土地复垦项目的国土资源主管部门会同有关部门进行验收。

复垦为农用地的，负责组织验收的国土资源主管部门应当会同有关部门在验收合格后的五年内对土地复垦效果进行跟踪评价，并提出改善土地质量的建议和措施。

四、土地复垦激励措施

土地复垦义务人在规定的期限内将生产建设活动损毁的耕地、林地、牧草地等农用地复垦恢复原状的，依照国家有关税收法律法规的规定退还已经缴纳的耕地占用税。

社会投资复垦的历史遗留损毁土地或者自然灾害损毁土地，属于无使用权人的国有土地的，经县级以上人民政府依法批准，可以确定给投资单位或者个人长期从事种植业、林业、畜牧业或者渔业生产。

社会投资复垦的历史遗留损毁土地或者自然灾害损毁土地，属于农民集体所有土地或者有使用权人的国有土地的，有关国土资源主管部门应当组织投资单位或者个人与土地权利人签订土地复垦协议，明确复垦的目标任务以及复垦后的土地使用和收益分配。

历史遗留损毁和自然灾害损毁的国有土地的使用权人，以及历史遗留损毁和自然灾害损毁的农民集体所有土地的所有权人、使用权人，自行将损毁土地复垦为耕地的，由县级以上地方人民政府给予补贴。

县级以上地方人民政府将历史遗留损毁和自然灾害损毁的建设用地复垦为耕地的，按照国家有关规定可以作为本省、自治区、直辖市内进行非农建设占用耕地时的补充耕地指标。

第六节　土地执法与监察

一、概述

土地执法，是指政府土地行政机关或司法部门依照法律对行政相对人采取的直接限制其权利义务，或对相对人权利义务的行使和履行情况进行监督检查的行为。土地监察，是指土地管理部门依法对单位和个人执行和遵守国家土地法律、法规情况进行监督检查以及对土地违法者实施法律制裁的活动。

土地管理部门通过行使土地监察职权，维护土地的社会主义公有制，维护国家的土地管理秩序。国家土地管理局主管全国土地监察工作；县级以上地方人民政府土地管理部门主管本行政区域内土地监察工作；乡（镇）人民政府负责本行政区域内土地监察工作。

土地监察工作必须以事实为根据，以法律为准绳，在适用土地法律、法规上人人平等。实行预防为主、预防和查处相结合的方针，遵循依法、及时、准确的原则。土地管理部门依照国家土地法律、法规独立行使土地监察职权，不受其他行政机关、社会团体和个人的干涉。

二、土地监察机构和人员

土地监察机构，是土地管理部门按照内部职责划分设置的专门负责土地监察工作的职能机构。县级以上地方人民政府土地管理部门应当设置土地监察机构，建立土地监察队伍。市、县人民政府土地管理部门可以对区、乡（镇）土地监察工作实行集中统一管理。

县级以上地方人民政府土地管理部门经同级人民政府批准，可以向下一级人民政府土地管理部门委派土地监察专员，检查指导土地监察工作。

土地监察机构应当配备足够数量的土地监察人员。土地监察人员应当具有较高的政治素质，通晓土地监察业务，熟悉土地法律、法规，忠于职守，秉公执法，清正廉明，经过岗位培训并经考核合格方能任用。

土地管理部门应当加强与有关部门的协作关系。在法律允许的范围内，开展各种形式的联合执法活动。

三、土地监察职权

（一）土地管理部门的土地监察职责

第一，监督检查土地法律、法规的执行和遵守情况；第二，受理对土地违法行为的检举、控告；第三，协调处理土地违法案件；第四，协助有关部门调查处理土地管理工作人员依法执行职务遭受打击报复的案件；第五，对下级人民政府土地管理部门履行土地管理职责的情况进行监督检查；第六，指导或者领导下级人民政府土地管理的土地监督工作。

（二）土地管理部门履行土地监察职责时享有的权力

第一，对单位和个人执行和遵守土地法律、法规情况依法进行检查；第二，对违反土地法律、法规的行为依法进行调查；第三，对正在进行的土地违法活动依法进行制止；第四，对土地违法行为和土地侵权行为依法实施行政处罚和行政处理；第五，对违反土地法律、法规，依法应当给予行政处分的个人和单位主管人员，依法提出给予行政处分的建议。

（三）土地管理部门依法行使土地监察职权时可采取的措施

第一，查阅、复制与土地监察事项有关的文件、资料；第二，要求监察对象提供或者报送有关的文件、资料以及其他必要情况；第三，可以进入土地违法现场察看和测量，并询问有关人员；第四，对依法受到限期拆除新建的建筑物和其他设施处罚但继续施工的单位和个人的设备、建筑材料等予以查封；第五，其他依法可以采取的措施。

土地管理部门报经同级人民政府批准，可以对下级人民政府的违法批地行为予以公告，宣布批准文件无效，注销土地使用证，对有关责任人员由其所在单位或者上级机关给予行政处分；构成犯罪的，依法追究刑事责任。

（四）土地管理部门履行土地监察职责的注意事项

土地监察人员依法执行职务时，必须佩戴土地监察标志和出示土地监察证件。土地监察标志和土地监察证件由国家土地管理局统一制定。拒绝、阻碍土地管理部门依法履行土地监察职责，或者对土地监察人员进行打击报复的，由土地管理部门提请公安机关依照治安管理处罚法的有关规定进行处罚；构成犯罪的，依法追究刑事责任。

四、土地监察的内容和方式

（一）土地管理部门依法进行监督检查的对象

土地管理部门依法进行监督检查对单位和个人下列行为的合法性：第一，建设用地行为；第二，建设用地审批行为；第三，土地开发利用行为；第四，土地权属变更和登记发证行为；第五，土地复垦行为；第六，基本农田保护行为；第七，土地使用权出让行为；第八，土地使用权转让、出租、抵押、终止行为；第九，房地产转让行为；第十，其他行为。

（二）土地管理部门依法进行监督检查的方法

对上述检查内容，土地管理部门可以根据本地区的实际，采取下列方式进行监督检查：第一，根据土地监察工作计划，定期、不定期地对监察对象执行和遵守土地法律、法规情况进行全面检查；第二，针对某一地区的实际情况，对特定的监察对象的特定活动进行专项检查；第三，对防止违法行为的发生，对监察对象活动的全过程进行事先检查、事中检查和事后检查。

（三）土地管理相关法律适用准则

土地管理部门对下级人民政府土地管理部门制定的与国家土地法律、法规相抵触的规范性文件，可以责令其修改或者向下级人民政府提出撤销的建议。土地管理部门发现下级人民政府制定的行政规章、规范性文件与国家土地法律、法规相抵触，可以向规定机关提出修改建议；必要时，可以向同级人民政府提出责令修改或者撤销的建议。

土地管理部门发现下级人民政府土地管理部门不履行法定职责或者消极执法的，有权责令限期改正或者报同级人民政府责令履行；对下级人民政府土地管理部门及其工作人员执行职务的违法行为有权提出处理意见，报有关部门依法追究法律责任。土地管理部门发现下级人民政府土地管理部门的未经行政诉讼或行政复议程序，但已发生法律效力的行政处罚决定确有错误的，可以责令下级人民政府土地管理部门重新处理，也可以自己依法处理。

五、土地监察工作制度

（一）土地管理部门应当建立土地监察目标管理责任制度

县级以上地方人民政府土地管理部门应当把土地监察工作纳入土地管理工作的

目标考核体系。

（二）土地管理部门应当建立土地监察工作报告制度

土地管理部门应当定期向上一级人民政府土地管理部门报告土地监察工作。必要时，可以越级向上级人民政府土地管理部门报告。

（三）土地管理部门应当建立巡回检查制度

县级以上地方人民政府土地管理部门和乡（镇）土地管理人员应认真进行巡回检查工作，发现问题及时处理。土地管理部门应当采取专业人员与群众相结合的方式，建立和完善土地监察信息网络。

（四）土地管理部门应当建立土地违法行为举报制度

县级以上地方人民政府土地管理部门应当公开设置举报电话、信箱。土地管理部门应当依法保护举报人的合法权益。

（五）土地管理部门应当建立土地违法案件统计制度

土地管理部门应当每年向上一级人民政府土地管理部门报送土地违法案件统计报表以及土地违法案件分析报告。

（六）土地管理部门应当建立重大土地违法案件备案制度

土地管理部门对自己处理的重大土地违法案件，应在结案后一个月内报上一级人民政府土地管理部门备案。

六、土地违法案件查处

土地违法案件，是指违反土地法律、法规，依法应当追究法律责任的案件。

土地管理部门查处土地违法案件，应当依照规定的程序进行，具体办法由国家国土资源管理机关制定。查处土地违法案件，必须做到事实清楚、证据确凿、定性准确、处理恰当、手续完备、适用法律、法规准确、符合法定程序和法定职责权限。

上级人民政府土地管理部门在必要时，可以将土地违法案件交下级人民政府土地管理部门查处，并对案件办理情况进行监督。下级人民政府土地管理部门对上级人民政府土地管理部门交办的土地违法案件，应当认真查处，并及时将查处结果向上级人民政府土地管理部门报告。下级人民政府土地管理部门对其管辖的土地违法案件，认为需要由上级人民政府土地管理部门处理的，可以报请上级人民政府土地管理部门决定。

土地管理部门应当保证土地监察机构的办案经费和办案工具，改善办案条件。

七、奖励和惩罚

对检举、揭发土地违法行为或者协助土地管理部门依法查处土地违法成绩显著的单位和个人，由人民政府或者土地管理部门给予奖励。

土地管理部门及其工作人员在土地监察工作中有下列情形之一的，由人民政府或土地管理部门给予表彰或者奖励：第一，认真履行职责，依法执行公务成绩显著的；第二，秉公执法，不徇私情，受到群众拥护的；第三，实施国家土地法律、法规取得明显效益的。

土地监察人员玩忽职守、徇私枉法、滥用职权、姑息纵容土地违法行为的，由其所在单位或者上级主管机关给予行政处分；构成犯罪的，依法追究刑事责任。

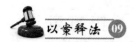 以案释法 09

王某非法占用农用地刑事附带民事诉讼案

2010—2013年，被告人王某租用某村52亩砖窑厂复耕耕地表明要种植绿化，但其未经相关行政主管部门批准，擅自改变土地用途，在租用耕地上铺砖、砂砾并压实平整，架设变压器、搭建简易房、建造钢结构厂房后，转租给他人从事非农业建设和经营活动。经鉴定，被破坏土地原有耕作层种植功能丧失且难以复原，耕地被严重破坏。检察机关起诉王某犯非法占用农用地罪的同时，还提起附带民事诉讼，请求判令王某恢复被破坏耕地原状。市法院受理此案后，经市国土资源局委托有资质的专业公司编制了《土地复垦项目实施方案》，王某按照复垦方案实施复耕。2014年7月，法院以非法占用农用地罪判处王某有期徒刑一年，缓刑一年；同时判令王某在判决发生法律效力后三个月内按照复垦方案的要求，继续完成毁损耕地的修复工作。如逾期未完成修复或经验收未达标，法院将委托有资质的专业机构完成土地复垦修复，所需费用由王某承担。

 释解

《土地复垦条例》第三条规定，生产建设活动损毁的土地，按照"谁损毁，谁复垦"的原则，由生产建设单位或者个人（以下称"土地复垦义务人"）负责复垦。第十八条规定，土地复垦义务人不复垦，或者复垦验收中经整改仍不合格的，应当缴纳土地复垦费，由有关国土资源主管部门代为组织复垦。刑法第三百四十二条规定，违反土地管理法规，非法占用耕地、林地等农用地，改变被占用土地用途，数量较大，造成耕地、林地等农用地大量毁坏的，处五年以下有期徒刑或者拘役，并处或者单处罚金。

本案中，王某擅自改变土地用途，严重破坏耕地，不止违反了土地管理法及土地管理条例，同时触犯了刑法，构成非法占用农用地罪。法院对其刑事附带民事犯罪作出判决，要求其履行土地复垦义务，如果逾期未完成修复或者经验收未达标，则收取复垦费委托专业机构进行复垦，符合"谁损毁，谁负责"的原则。

第五章
矿产资源保护管理法律制度

我国是世界上矿产品种比较齐全的少数几个国家之一，丰富的矿产资源为我国经济建设提供了不可缺少的物质基础，然而我国在开发矿产资源的过程中也存在一些问题，可通过矿产资源法及相关法规的实施规范我国矿产资源的开采与保护。我国面积广阔，地质环境复杂，地质灾害种类繁多，可通过相关法律法规明确地质资料的管理、地质环境的监测制度，完善地质灾害的防治管理制度，减少地质灾害对国家及人民的危害。

第一节　矿产资源利用与保护

一、矿产资源的所有权、探矿权和采矿权

（一）所有权

我国的矿产资源实行单一的所有权制度，即我国的矿产资源属于国家所有，由国务院行使国家对矿产资源的所有权。地表或者地下的矿产资源的国家所有权，不因其所依附的土地的所有权或者使用权的不同而改变。

（二）探矿权、采矿权

1.探矿权

探矿权，是指在依法取得的勘查许可证规定的范围内，勘查矿产资源的权利。取得勘查许可证的单位或者个人称为探矿权人。

探矿权人享有下列权利：第一，按照勘查许可证规定的区域、期限、工作对象进行勘查；第二，在勘查作业区及相邻区域架设供电、供水、通讯管线，但是不得

影响或者损害原有的供电、供水设施和通讯管线；第三，在勘查作业区及相邻区域通行；第四，根据工程需要临时使用土地；第五，优先取得勘查作业区内新发现矿种的探矿权；第六，优先取得勘查作业区内矿产资源的采矿权；第七，自行销售勘查中按照批准的工程设计施工回收的矿产品，但是国务院规定由指定单位统一收购的矿产品除外。

探矿权人应当履行下列义务：第一，在规定的期限内开始施工，并在勘查许可证规定的期限内完成勘查工作；第二，向勘查登记管理机关报告开工等情况；第三，按照探矿工程设计施工，不得擅自进行采矿活动；第四，在查明主要矿种的同时，对共生、伴生矿产资源进行综合勘查、综合评价；第五，编写矿产资源勘查报告，提交有关部门审批；第六，按照国务院有关规定汇交矿产资源勘查成果档案资料；第七，遵守有关法律、法规关于劳动安全、土地复垦和环境保护的规定；第八，勘查作业完毕，及时封、填探矿作业遗留的井、硐或者采取其他措施，消除安全隐患。

2. 采矿权

采矿权，是指在依法取得的采矿许可证规定的范围内，开采矿产资源和获得所开采的矿产品的权利。取得采矿许可证的单位或者个人称为采矿权人。

采矿权人享有下列权利：第一，按照采矿许可证规定的开采范围和期限从事开采活动；第二，自行销售矿产品，但是国务院规定由指定的单位统一收购的矿产品除外；第三，在矿区范围内建设采矿所需的生产和生活设施；第四，根据生产建设的需要依法取得土地使用权；第五，法律、法规规定的其他权利。

采矿权人应当履行下列义务：第一，在批准的期限内进行矿山建设或者开采；第二，有效保护、合理开采、综合利用矿产资源；第三，依法缴纳资源税和矿产资源补偿费；第四，遵守国家有关劳动安全、水土保持、土地复垦和环境保护的法律、法规；第五，接受地质矿产主管部门和有关主管部门的监督管理，按照规定填报矿产储量表和矿产资源开发利用情况统计报告。

3. 探矿权、采矿权的取得

国家实行探矿权、采矿权有偿取得的制度；但是，国家对探矿权、采矿权有偿取得的费用，可以根据不同情况规定予以减缴、免缴。具体办法和实施步骤由国务院规定。开采矿产资源，必须按照国家有关规定缴纳资源税和资源补偿费。

国家对矿产资源的勘查、开采实行许可证制度。勘查矿产资源，必须依法申请登记，领取勘查许可证，取得探矿权；开采矿产资源，必须依法申请登记，领取采矿许可证，取得采矿权。

4. 探矿权、采矿权的转让

探矿权人有权在划定的勘查作业区内进行规定的勘查作业，有权优先取得勘查作业区内矿产资源的采矿权。探矿权人在完成规定的最低勘查投入后，经依法批准，可以将探矿权转让他人。

已取得采矿权的矿山企业，因企业合并、分立，与他人合资、合作经营，或者因企业资产出售以及有其他变更企业资产产权的情形而需要变更采矿权主体的，经依法批准可以将采矿权转让他人采矿。

禁止将探矿权、采矿权倒卖牟利。

二、矿产资源的保护

（一）特定矿区和矿种的计划开采

国家规划矿区，是指国家根据建设规划和矿产资源规划，为建设大、中型矿山划定的矿产资源分布区域。对国民经济具有重要价值的矿区，是指国家根据国民经济发展需要划定的，尚未列入国家建设规划的，储量大、质量好、具有开发前景的矿产资源保护区域。

国家规定实行保护性开采的特定矿种，是指国务院根据国民经济建设和高科技发展的需要，以及资源稀缺、贵重程度确定的，由国务院有关主管部门按照国家计划批准开采的矿种。

国家对国家规划矿区、对国民经济具有重要价值的矿区和国家规定实行保护性开采的特定矿种，实行有计划的开采；未经国务院有关主管部门批准，任何单位和个人不得开采。

（二）开采中的保护

开采矿产资源，必须采取合理的开采顺序、开采方法和选矿工艺。矿山企业的开采回采率、采矿贫化率和选矿回收率应当达到设计要求。

在开采主要矿产的同时，对具有工业价值的共生和伴生矿产应当统一规划，综合开采，综合利用，防止浪费；对暂时不能综合开采或者必须同时采出而暂时还不能综合利用的矿产以及含有有用组分的尾矿，应当采取有效的保护措施，防止损失破坏。

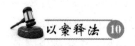
以案释法 ⑩

采矿权抵押权如何才能实现

某矿山企业，2004年以该企业铁矿采矿权为抵押向银行贷款，银行经审查后按规定为其办理了贷款。2005年，矿山企业因经营不善无力按时还款，银行在准备实现抵押权前向当地国土资源管理部门咨询时发现受让采矿权方必须具有相关条件和资质，对如何实现抵押权产生了疑问。

矿业权抵押是指矿业权人依照有关法律作为债务人以其拥有的矿业权在不转移占有的前提下，向债权人提供担保的行为。以矿业权作为抵押的债务人为抵押人，债权人为抵押权人，提供担保的矿业权为抵押物。

采矿权设置抵押权后，实现抵押权时确实面临一个比较特殊的问题，那就是采矿权受让人应当符合国家规定的资质条件。采矿权抵押权实现实际上就是一个采矿权转让的行为，采矿权转让的受让人应当符合采矿权申请人的条件，这个条件中就包括采矿权申请人资质条件的证明以及依法设立矿山企业的批准文件等。专营金融业务的银行显然是不符合条件的，银行不能直接成为采矿权的受让人，只能是在申请实现抵押权时委托法院或其他拍卖单位对采矿权进行处置，转让给符合国家规定的资质条件主体后，从处置的采矿权所得中依法受偿。

第二节　矿产资源监督管理

一、矿产资源的监督管理体制

国务院地质矿产主管部门主管全国矿产资源勘查、开采的监督管理工作。国务院有关主管部门按照国务院规定的职责分工，协助国务院地质矿产主管部门进行矿产资源勘查、开采的监督管理工作。

省、自治区、直辖市人民政府地质矿产主管部门主管本行政区域内矿产资源勘查、开采的监督管理工作。省、自治区、直辖市人民政府有关主管部门，协助同级地质矿产主管部门进行矿产资源勘查、开采的监督管理工作。

设区的市人民政府、自治州人民政府和县级人民政府及其负责管理矿产资源的部门，依法对本级人民政府批准开办的国有矿山企业和本行政区域内的集体所有制矿山企业、私营矿山企业、个体采矿者以及在本行政区域内从事勘查施工的单位和个人进行监督管理，依法保护探矿权人、采矿权人的合法权益。

上级地质矿产主管部门有权对下级地质矿产主管部门违法的或者不适当的矿产资源勘查、开采管理行政行为予以改变或者撤销。

二、矿产资源监督管理制度

（一）矿产资源规划制度

国家对矿产资源勘查实行统一规划。全国矿产资源中、长期勘查规划，在国务院计划部门指导下，由国务院地质矿产主管部门根据国民经济和社会发展中、长期规划，在国务院有关主管部门勘查规划的基础上组织编制。全国矿产资源年度勘查计划和省、自治区、直辖市矿产资源年度勘查计划，分别由国务院地质矿产主管部门和省、自治区、直辖市人民政府地质矿产主管部门组织有关主管部门，根据全国矿产资源中、长期勘查规划编制，经同级人民政府计划部门批准后施行。

全国矿产资源规划，在国务院计划部门指导下，由国务院地质矿产主管部门根据国民经济和社会发展中、长期规划，组织国务院有关主管部门和省、自治区、直辖市人民政府编制，报国务院批准后施行。

矿产资源开发规划是对矿区的开发建设布局进行统筹安排的规划，分为行业开发规划和地区开发规划。

矿产资源行业开发规划由国务院有关主管部门根据全国矿产资源规划中分配给本部门的矿产资源编制实施。矿产资源地区开发规划由省、自治区、直辖市人民政府根据全国矿产资源规划中分配给本省、自治区、直辖市的矿产资源编制实施；并作出统筹安排，合理划定省、市、县级人民政府审批、开发矿产资源的范围。

矿产资源行业开发规划和地区开发规划应当报送国务院计划部门、地质矿产主管部门备案。国务院计划部门、地质矿产主管部门，对不符合全国矿产资源规划的行业开发规划和地区开发规划，应当予以纠正。

（二）矿产资源勘查登记制度

国家对矿产资源勘查实行统一的区块登记管理制度。矿产资源勘查登记工作，由国务院地质矿产主管部门负责；特定矿种的矿产资源勘查登记工作，可以由国务院授权有关主管部门负责。

矿产资源勘查报告按照下列规定审批：第一，供矿山建设使用的重要大型矿床勘查报告和供大型水源地建设使用的地下水勘查报告，由国务院矿产储量审批机构审批；第二，供矿山建设使用的一般大型、中型、小型矿床勘查报告和供中型、小型水源地建设使用的地下水勘查报告，由省、自治区、直辖市矿产储量审批机构审批；第三，矿产储量审批机构和勘查单位的主管部门应当自收到矿产资源勘查报告之日起六个月内作出批复。

矿产资源勘查成果档案资料和各类矿产储量的统计资料，实行统一的管理制度，按照国务院规定汇交或者填报。

（三）矿产资源开采审批制度

设立矿山企业，必须符合国家规定的资质条件，并依照法律和国家有关规定，由审批机关对其矿区范围、矿山设计或者开采方案、生产技术条件、安全措施和环境保护措施等进行审查；审查合格的，方予批准。

开采下列矿产资源的，由国务院地质矿产主管部门审批，并颁发采矿许可证：第一，国家规划矿区和对国民经济具有重要价值的矿区内的矿产资源；第二，法律规定区域以外可供开采的矿产储量规模在大型以上的矿产资源；第三，国家规定实行保护性开采的特定矿种；第四，领海及中国管辖的其他海域的矿产资源；第五，国务院规定的其他矿产资源。开采石油、天然气、放射性矿产等特定矿种的，可以由国务院授权的有关主管部门审批，并颁发采矿许可证。开采法律规定以外的矿产资源，其可供开采的矿产的储量规模为中型的，由省、自治区、直辖市人民政府地质矿产主管部门审批和颁发采矿许可证。开采法律规定以外的矿产资源的管理办法，由省、自治区、直辖市人民代表大会常务委员会依法制定。依照法律的规定审批和颁发采矿许可证的，由省、自治区、直辖市人民政府地质矿产主管部门汇总向国务院地质矿产主管部门备案。矿产储量规模的大型、中型的划分标准，由国务院矿产储量审批机构规定。

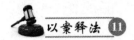 以案释法 ⑪

采矿权的取得必须履行登记和行政许可手续

2007年9月11日，县国土资源局通过招拍挂方式将位于某镇矿区总面积9.6万平方米，参考储量308.5万吨的石灰岩采矿权出让给A建材有限公司并签订出让合同，约定：成交价款为216万元并分期交付；全部价款交清后，A建材有限公司方可申请办理采矿权登记手续，并在领取采矿许可证后从事采矿活动。之前，A建材有限公司已向县土地储备中心缴纳保证金10万元。2008年9月6日，A建材有限公司向县国土资源局缴纳价款50万元。县国土资源局尚未正式为A建材有限公司划定矿区范围和颁发采矿许可证。期间，个体工商户B以其持有与某集体经济组织签订的山场承包合同为由到该矿区进行开采。

2008年6月，A建材有限公司认为自己的采矿权受到侵害，向市中级人民法院提起诉讼，请求判令B赔偿经济损失300万元。经县国土资源局协调，B现已撤离双方争议的矿区。市中级人民法院经审理认为，A建材有限公司虽与县国土资源局签订采矿权出让合同，但其未到国土资源管理部门办理登记手续，未领取采矿许可证，不享有物权法上的采矿权人之权利，其不是本案适格原告。中院裁定：驳回A建材有限公司的起诉。

 释解

我国确立了采矿权的有偿取得制度。采矿权申请人向国土资源管理部门提出申请，提交有关资料，缴纳采矿权使用费等价款，依法办理登记手续并领取采矿许可证。国土资源管理部门根据申请人所提交的相关材料予以审查，对符合要求者予以采矿权登记，颁发采矿许可证。

本案 A 建材公司既未到当地国土资源管理部门办理采矿权登记手续，领取采矿许可证，成为合法采矿权人，同时也未与当地集体经济组织和土地承包户协商终止土地承包经营合同，取得矿区土地使用权。B 在矿区内开采是否合法，应由国土资源管理部门依照有关规定进行处理，A 建材公司要求 B 赔偿损失于法无据，法院裁定驳回其起诉是正确的。

第三节　地质资料管理

一、地质资料管理体制

国务院地质矿产主管部门负责全国地质资料汇交、保管、利用的监督管理。省、自治区、直辖市人民政府地质矿产主管部门负责本行政区域内地质资料汇交、保管、利用的监督管理。国务院地质矿产主管部门和省、自治区、直辖市人民政府地质矿产主管部门的地质资料馆（以下简称地质资料馆）以及受国务院地质矿产主管部门委托的地质资料保管单位（以下简称地质资料保管单位）承担地质资料的保管和提供利用工作。

二、地质资料的汇交

国家对地质资料实行统一汇交制度。

在中华人民共和国领域及管辖的其他海域从事矿产资源勘查开发的探矿权人或者采矿权人，为地质资料汇交人。在中华人民共和国领域及管辖的其他海域从事前款规定以外地质工作项目的，其出资人为地质资料汇交人；但是，由国家出资的，承担有关地质工作项目的单位为地质资料汇交人。

除成果地质资料、国家规定需要汇交的原始地质资料和实物地质资料外，其他的原始地质资料和实物地质资料只需汇交目录。

由汇交人向国务院地质矿产主管部门汇交的地质资料包括：石油、天然气、煤层气和放射性矿产的地质资料；海洋地质资料；国务院地质矿产主管部门规定应当向其汇交的其他地质资料。前款规定以外的地质资料，由地质资料汇交人向地质工作项目所在地的省、自治区、直辖市人民政府地质矿产主管部门汇交。

《地质资料管理条例》第十条规定："地质资料汇交人应当按照下列规定的期限汇交地质资料：（一）探矿权人应当在勘查许可证有效期届满的30日前汇交；（二）除下列情形外，采矿权人应当在采矿许可证有效期届满的90日前汇交：1.属于阶段性关闭矿井的，自关闭之日起180日内汇交；2.采矿权人开发矿产资源时，发现新矿体、新矿种或者矿产资源储量发生重大变化的，自开发勘探工作结束之日起180日内汇交；（三）因违反探矿权、采矿权管理规定，被吊销勘查许可证或者采矿许可证的，自处罚决定生效之日起15日内汇交；（四）工程建设项目地质资料，自该项目竣工验收之日起180日内汇交；（五）其他的地质资料，自地质工作项目结束之日起180日内汇交。"

汇交的地质资料，应当符合国务院地质矿产主管部门的有关规定及国家有关技术标准。经验收合格后，由负责接收地质资料的地质矿产主管部门出具地质资料汇交凭证，并按照国务院地质矿产主管部门的规定及时移交地质资料馆或者地质资料保管单位。

三、地质资料的保管和利用

地质资料馆和地质资料保管单位，应当建立地质资料的整理、保管制度，配置保存、防护、安全等必要设施，配备专业技术人员，保障地质资料的完整和安全。

《地质资料管理条例》第十五条规定："探矿权人、采矿权人汇交的地质资料，自勘查许可证、采矿许可证有效期届满之日起30日内，由地质资料馆或者地质资料保管单位予以公开；勘查许可证、采矿许可证获准延期的，自延续期届满之日起30日内，由地质资料馆或者地质资料保管单位予以公开。前款规定以外的地质资料，自汇交之日起90日内，由地质资料馆或者地质资料保管单位予以公开。需要保护的，由汇交人在汇交地质资料时到负责接收地质资料的地质矿产主管部门办理保护登记手续，自办理保护登记手续之日起计算，保护期不得超过5年；需要延期保护的，汇交人应当在保护期届满前的30日内，到原登记机关办理延期保护登记手续，延长期限不得超过5年。地质资料自保护期届满之日起30日内，由地质资料馆或者地质资料保管单位予以公开。"

保护期内的地质资料，只公开资料目录。但是，汇交人书面同意提前公开其汇交的地质资料的，自其同意之日起，由地质资料馆或者地质资料保管单位予以公开。

保护期内的地质资料可以有偿利用，具体方式由利用人与地质资料汇交人协商确定。但是，利用保护期内国家出资勘查、开发取得的地质资料的，按照国务院地质矿产主管部门的规定执行。因救灾等公共利益需要，政府及其有关部门可以无偿利用保护期内的地质资料。

地质资料的利用人应当按照规定利用地质资料，不得损毁、散失地质资料。地质资料馆和地质资料保管单位应当按照规定管理地质资料，不得非法披露、提供利用保护期内的地质资料或者封锁公开的地质资料。

 以案释法 12

安某等三人不服B省国土资源厅政府信息公开答复案

被申请人B省国土资源厅于2014年4月25日收到申请人安某等三人的政府信息公开申请，要求公开：该省2012年和2013年城市地下水监测的基础数据和评价标准；

2012年和2013年度发生水质变化的监测点的具体信息、所在城市及省份、变化趋势和原因；哪些监测点的水质综合变化呈稳定趋势，哪些监测点的水质综合变化呈变好趋势，哪些监测点的水质综合变化呈变差趋势等情况。

2014年5月6日，被申请人作出《政府信息公开告知书》，告知了申请人2012年、2013年地下水监测的基础数据和评价标准。告知：该省地下水监测网络由国家级监测点和省级以下监测点组成，形成的监测数据属于地质资料。其中国家级监测点的监测数据由全国地质资料馆负责向社会提供服务，需要向全国地质资料馆申请查询。省级以下地下水监测点的监测数据可向各省（区、市）有关主管部门申请。评价标准：被申请人地下水监测所采用的地下水质量评价标准为《地下水质量标准GB/T14848-93》。关于2012年和2013年发生水质变化的监测点的信息，《中国国土资源公报》发布的地下水水质信息是在对各省（区、市）上报的水样分析结果进行统计的基础上得出的，被申请人不掌握各监测点的具体信息。如需了解具体监测点的水质及变化情况，请向相关省（区、市）主管部门申请。

 释解

案件的争议焦点是如何确定公开主体及行政机关是否有加工汇总的法定义务。

第一，地下水资源信息的公开主体是谁。依据地质资料管理条例的规定，地下水资源评价、地下水动态监测的资料是地质资料，地质资料馆以及受国务院地质矿产主管部门委托的地质资料保管单位承担地质资料的保管和提供利用工作。被申请人据此告知申请人到地质资料馆查询，并提供了全国地质资源馆的地址和联系方式。被申请人的答复内容，符合政府信息公开条例的规定。

第二，行政机关是否有加工汇总义务。本案中，申请人要求公开的"2012年和2013年度发生水质变化的监测点的具体信息、所在城市及省份、变化趋势和原因。哪些监测点的水质综合变化呈稳定趋势，哪些监测点的水质综合变化呈变好趋势，哪些监测点的水质综合变化呈变差趋势"等信息，显然是需要汇总、加工、分析才能得出的。依据政府信息公开条例第十七条"行政机关制作的政府信息，由制作该政府信息的行政机关负责公开"和《国务院办公厅关于做好政府信息依申请公开工作的意见》（国办发〔2010〕5号）第二条"行政机关向申请人提供的政府信息，应当是现有的，一般不需要行政机关汇总、加工或重新制作"的规定，政府信息一般由制作该政府信息的行政机关公开，且该政府信息应当是现有，不需要汇总、加工或重新制作。被申请人据此告知申请人自己不掌握各监测点的具体信息，如需了解具体监测点的水质及变化情况，向相关省（区、市）主管部门申请，符合政府信息公开条例和国办发〔2010〕5号的规定。

第四节 地质环境监测管理

一、地质环境监测管理体制

国土资源部负责全国地质环境监测管理工作。县级以上地方人民政府国土资源主管部门负责本行政区域内的地质环境监测管理工作。

二、地质环境监测规划

县级以上人民政府国土资源主管部门应当编制地质环境监测规划。国土资源部负责组织编制全国地质环境监测规划。县级以上地方人民政府国土资源主管部门依据上级地质环境监测规划，结合本地区实际，组织编制本行政区域内的地质环境监测规划，并报同级人民政府和上一级人民政府国土资源主管部门备案。

地质环境监测规划应当包括地质环境监测现状、需求分析、规划目标、规划原则、监测网络布局、重点监测工程、经费预算和规划实施的保障措施等内容。地质环境监测规划应当符合国民经济和社会发展规划，并与其他相关规划相互衔接。

三、地质环境监测的实施

（一）一般规定

自然地质环境监测由县级以上人民政府国土资源主管部门负责组织实施；工程建设影响的地质环境监测由相关责任单位负责组织实施。

国土资源部所属地质环境监测机构，承担国家地质环境监测工作，统筹规划和组织建设全国地质环境监测网络，开展全国地质环境状况分析评价和预警预报，对全国地质环境监测工作进行技术指导。县级以上地方人民政府国土资源主管部门所属地质环境监测机构，承担本行政区域内的地质环境监测工作，并接受上级人民政府国土资源主管部门所属地质环境监测机构的技术指导。

国土资源部负责制定国家和行业有关地质环境监测技术规范。省、自治区、直辖市人民政府国土资源主管部门可以根据本地区实际，依据国家和行业有关地质环境监测技术规范，制定本行政区域内的地质环境监测技术规范。

地质环境监测机构应当具备与其所承担的地质环境监测工作相适应的能力和条件，达到国土资源部制定的地质环境监测机构建设标准。各级国土资源主管部门应当对从事地质环境监测活动的技术人员进行岗位培训。地质环境监测机构及其工作人员从事地质环境监测活动应当遵守国家和行业有关地质环境监测技术规范。

（二）地质环境监测网络

地质环境监测网络由地质环境监测点、地质环境监测站和地质环境监测信息系统组成。县级以上人民政府国土资源主管部门应当依据地质环境监测规划和技术规范组织建设地质环境监测网络。

地质环境监测点是获取地质环境监测数据的工作位置。地质环境监测点的设置，应当依据地质环境监测规划，充分考虑地质环境条件和经济社会发展需求。

地质环境监测站是为获取地质环境监测数据，在地质环境监测点建立的配置基础设施和相关设备的场所。地质环境监测站的建设、运行和维护，应当符合布局合理、技术先进、运行稳定、维护方便、经济适用的要求。地质环境监测站建设、运行和维护的标准由国土资源部制定。

地质环境监测信息系统是由信息网络与数据处理设施、设备等组成，实现地质环境监测数据采集、传输、管理现代化功能的综合系统。地质环境监测信息系统的建设、运行和维护，应当符合数据准确、传输及时、存储安全、管理高效、保障有力的要求。地质环境监测信息系统建设、运行和维护的标准由国土资源部制定。

（三）地质环境监测设施

国家保护地质环境监测设施。县级以上地方人民政府国土资源主管部门负责本行政区域内的地质环境监测设施保护工作。地质环境监测设施应当按照国土资源部要求统一标识。负责运行维护的地质环境监测机构对地质环境监测设施进行登记、造册，并及时将运行维护情况报送设施所在地的县级人民政府国土资源主管部门备案。任何单位和个人不得侵占、损坏或者擅自移动地质环境监测设施，不得妨碍地质环境监测设施的正常使用。

地质环境监测设施损坏的，负责运行维护的地质环境监测机构或者相关责任单位应当及时维修，确保其正常运行。因工程建设等原因确需拆除或者移动地质环境监测设施的，工程建设单位应当在项目可行性研究阶段向项目所在地的县级人民政府国土资源主管部门提出申请，由项目所在地的县级人民政府国土资源主管部门征得组织建设地质环境监测设施的国土资源主管部门同意后，进行拆除或者移动地质环境监测设施。拆除或者移动地质环境监测设施的费用由工程建设单位承担。

（四）地质环境监测信息发布制度

县级以上人民政府国土资源主管部门应当建立地质环境监测信息发布制度，统一发布本行政区域内的地质环境监测信息，及时公布地质环境预警预报信息。县级以上人民政府国土资源主管部门在公开地质环境监测信息前，应当依照保守国家秘密法、政府信息公开条例等法律法规和国家有关规定对拟公开的地质环境监测信息进行审查。

（五）地质环境预警预报制度

县级以上人民政府国土资源主管部门应当建立地质环境预警预报制度。地质环境监测机构发现地质环境显著变化或者监测数据异常的，应当分析原因和可能产生的影响，及时向监测区所在地的县级人民政府国土资源主管部门报告。县级人民政府国土资源主管部门接到报告后，应当立即组织应急调查，向同级人民政府提出采取相关措施的建议；依照有关规定发布地质环境预警预报信息，并报告上级人民政府国土资源主管部门。

（六）地质环境监测监督检查制度

县级以上人民政府国土资源主管部门应当建立地质环境监测监督检查制度，负责对地质环境监测规划编制和实施、地质环境监测机构能力建设、地质环境监测设施保护和地质环境监测工作质量等有关情况进行监督检查。

第五节　地质灾害防治管理

一、地质灾害防治的管理体制

地质灾害防治工作，应当纳入国民经济和社会发展计划。国务院国土资源主管部门负责全国地质灾害防治的组织、协调、指导和监督工作。

国务院其他有关部门按照各自的职责负责有关的地质灾害防治工作。县级以上地方人民政府国土资源主管部门负责本行政区域内地质灾害防治的组织、协调、指导和监督工作。县级以上地方人民政府其他有关部门按照各自的职责负责有关的地质灾害防治工作。

因自然因素造成的地质灾害的防治经费，在划分中央和地方事权和财权的基础上，分别列入中央和地方有关人民政府的财政预算。具体办法由国务院财政部门会同国务院国土资源主管部门制定。因工程建设等人为活动引发的地质灾害的治理费用，按照谁引发、谁治理的原则由责任单位承担。

国家鼓励和支持地质灾害防治科学技术研究，推广先进的地质灾害防治技术，普及地质灾害防治的科学知识。县级以上人民政府应当加强对地质灾害防治工作的领导，组织有关部门采取措施，做好地质灾害防治工作。县级以上人民政府应当组织有关部门开展地质灾害防治知识的宣传教育，增强公众的地质灾害防治意识和自救、互救能力。

任何单位和个人对地质灾害防治工作中的违法行为都有权检举和控告。在地质灾害防治工作中做出突出贡献的单位和个人，由人民政府给予奖励。

二、地质灾害防治规划

（一）国家实行地质灾害调查制度

国务院国土资源主管部门会同国务院建设、水利、铁路、交通等部门结合地质环境状况组织开展全国的地质灾害调查。县级以上地方人民政府国土资源主管部门会同同级建设、水利、交通等部门结合地质环境状况组织开展本行政区域的地质灾害调查。

国务院国土资源主管部门会同国务院建设、水利、铁路、交通等部门，依据全国地质灾害调查结果，编制全国地质灾害防治规划，经专家论证后报国务院批准公布。县级以上地方人民政府国土资源主管部门会同同级建设、水利、交通等部门，依据本行政区域的地质灾害调查结果和上一级地质灾害防治规划，编制本行政区域的地质灾害防治规划，经专家论证后报本级人民政府批准公布，并报上一级人民政府国土资源主管部门备案。修改地质灾害防治规划，应当报经原批准机关批准。

（二）地质灾害防治规划的内容及编制实施原则

地质灾害防治规划包括以下内容：第一，地质灾害现状和发展趋势预测；第二，地质灾害的防治原则和目标；第三，地质灾害易发区、重点防治区；第四，地质灾害防治项目；第五，地质灾害防治措施等。县级以上人民政府应当将城镇、人口集中居住区、风景名胜区、大中型工矿企业所在地和交通干线、重点水利电力工程等基础设施作为地质灾害重点防治区中的防护重点。

编制和实施土地利用总体规划、矿产资源规划以及水利、铁路、交通、能源等重大建设工程项目规划，应当充分考虑地质灾害防治要求，避免和减轻地质灾害造成的损失。编制城市总体规划、村庄和集镇规划，应当将地质灾害防治规划作为其组成部分。

三、地质灾害预防

（一）地质灾害监测网络和预警信息系统

国家建立地质灾害监测网络和预警信息系统。县级以上人民政府国土资源主管部门应当会同建设、水利、交通等部门加强对地质灾害险情的动态监测。因工程建设可能引发地质灾害的，建设单位应当加强地质灾害监测。

地质灾害易发区的县、乡、村应当加强地质灾害的群测群防工作。在地质灾害重点防范期内，乡镇人民政府、基层群众自治组织应当加强地质灾害险情的巡回检查，发现险情及时处理和报告。国家鼓励单位和个人提供地质灾害前兆信息。

国家保护地质灾害监测设施。任何单位和个人不得侵占、损毁、损坏地质灾害监测设施。

（二）地质灾害预报制度

国家实行地质灾害预报制度。预报内容主要包括地质灾害可能发生的时间、地点、成灾范围和影响程度等。地质灾害预报由县级以上人民政府国土资源主管部门会同气象主管机构发布。任何单位和个人不得擅自向社会发布地质灾害预报。

县级以上地方人民政府国土资源主管部门会同同级建设、水利、交通等部门依据地质灾害防治规划，拟订年度地质灾害防治方案，报本级人民政府批准后公布。

年度地质灾害防治方案包括下列内容：第一，主要灾害点的分布；第二，地质灾害的威胁对象、范围；第三，重点防范期；第四，地质灾害防治措施；第五，地质灾害的监测、预防责任人。

（三）地质灾害危险区

对出现地质灾害前兆、可能造成人员伤亡或者重大财产损失的区域和地段，县级人民政府应当及时划定为地质灾害危险区，予以公告，并在地质灾害危险区的边界设置明显警示标志。在地质灾害危险区内，禁止爆破、削坡、进行工程建设以及从事其他可能引发地质灾害的活动。县级以上人民政府应当组织有关部门及时采取工程治理或者搬迁避让措施，保证地质灾害危险区内居民的生命和财产安全。

地质灾害险情已经消除或者得到有效控制的，县级人民政府应当及时撤销原划定的地质灾害危险区，并予以公告。

（四）地质灾害危险性评估

在地质灾害易发区内进行工程建设应当在可行性研究阶段进行地质灾害危险性评估，并将评估结果作为可行性研究报告的组成部分；可行性研究报告未包含地质灾害危险性评估结果的，不得批准其可行性研究报告。编制地质灾害易发区内的城市总体规划、村庄和集镇规划时，应当对规划区进行地质灾害危险性评估。

国家对从事地质灾害危险性评估的单位实行资质管理制度。地质灾害危险性评估单位应当具备下列条件，经省级以上人民政府国土资源主管部门资质审查合格，取得国土资源主管部门颁发的相应等级的资质证书后，方可在资质等级许可的范围内从事地质灾害危险性评估业务：第一，有独立的法人资格；第二，有一定数量的工程地质、环境地质和岩土工程等相应专业的技术人员；第三，有相应的技术装备。

地质灾害危险性评估单位进行评估时，应当对建设工程遭受地质灾害危害的可能性和该工程建设中、建成后引发地质灾害的可能性做出评价，提出具体的预防治理措施，并对评估结果负责。

对经评估认为可能引发地质灾害或者可能遭受地质灾害危害的建设工程，应当配套建设地质灾害治理工程。地质灾害治理工程的设计、施工和验收应当与主体工程的设计、施工、验收同时进行。配套的地质灾害治理工程未经验收或者经验收不合格的，主体工程不得投入生产或者使用。

四、地质灾害应急

（一）地质灾害应急预案

国务院国土资源主管部门会同国务院建设、水利、铁路、交通等部门拟订全国突发性地质灾害应急预案，报国务院批准后公布。县级以上地方人民政府国土资源主管部门会同同级建设、水利、交通等部门拟订本行政区域的突发性地质灾害应急预案，报本级人民政府批准后公布。

突发性地质灾害应急预案包括下列内容：第一，应急机构和有关部门的职责分工；第二，抢险救援人员的组织和应急、救助装备、资金、物资的准备；第三，地质灾害的等级与影响分析准备；第四，地质灾害调查、报告和处理程序；第五，发生地质灾害时的预警信号、应急通信保障；第六，人员财产撤离、转移路线、医疗救治、疾病控制等应急行动方案。

（二）地质灾害抢险救灾指挥机构

发生特大型或者大型地质灾害时，有关省、自治区、直辖市人民政府应当成立地质灾害抢险救灾指挥机构。必要时，国务院可以成立地质灾害抢险救灾指挥机构。发生其他地质灾害或者出现地质灾害险情时，有关市、县人民政府可以根据地质灾害抢险救灾工作的需要，成立地质灾害抢险救灾指挥机构。

（三）地质灾害报告

发现地质灾害险情或者灾情的单位和个人，应当立即向当地人民政府或者国土资源主管部门报告。其他部门或者基层群众自治组织接到报告的，应当立即转报当地人民政府。当地人民政府或者县级人民政府国土资源主管部门接到报告后，应当立即派人赶赴现场，进行现场调查，采取有效措施，防止灾害发生或者灾情扩大，并按照国务院国土资源主管部门关于地质灾害灾情分级报告的规定，向上级人民政府和国土资源主管部门报告。

接到地质灾害险情报告的当地人民政府、基层群众自治组织应当根据实际情况，及时动员受到地质灾害威胁的居民以及其他人员转移到安全地带；情况紧急时，可以强行组织避灾疏散。

（四）地质灾害应急处理

地质灾害发生后，县级以上人民政府应当启动并组织实施相应的突发性地质灾害应急预案。有关地方人民政府应当及时将灾情及其发展趋势等信息报告上级人民政府。禁止隐瞒、谎报或者授意他人隐瞒、谎报地质灾害灾情。

县级以上人民政府有关部门应当按照突发性地质灾害应急预案的分工，做好相应的应急工作。国土资源主管部门应当会同同级建设、水利、交通等部门尽快查明地质灾害发生原因、影响范围等情况，提出应急治理措施，减轻和控制地质灾害灾情。民政、卫生、食品药品监督管理、商务、公安部门，应当及时设置避难场所和救济物资供应点，妥善安排灾民生活，做好医疗救护、卫生防疫、药品供应、社会治安工作；气象主管机构应当做好气象服务保障工作；通信、航空、铁路、交通部门应当保证地质灾害应急的通信畅通和救灾物资、设备、药物、食品的运送。

根据地质灾害应急处理的需要，县级以上人民政府应当紧急调集人员，调用物资、交通工具和相关的设施、设备；必要时，可以根据需要在抢险救灾区域范围内采取交通管制等措施。因救灾需要，临时调用单位和个人的物资、设施、设备或者占用其房屋、土地的，事后应当及时归还；无法归还或者造成损失的，应当给予相应的补偿。县级以上地方人民政府应当根据地质灾害灾情和地质灾害防治需要，统筹规划、安排受灾地区的重建工作。

五、地质灾害治理

（一）地质灾害治理管理体制

因自然因素造成的特大型地质灾害，确需治理的，由国务院国土资源主管部门会同灾害发生地的省、自治区、直辖市人民政府组织治理；其他地质灾害，确需治理的，在县级以上地方人民政府的领导下，由本级人民政府国土资源主管部门组织治理；跨行政区域的地质灾害，确需治理的，由所跨行政区域的地方人民政府国土资源主管部门共同组织治理。

因工程建设等人为活动引发的地质灾害，由责任单位承担治理责任。责任单位由地质灾害发生地的县级以上人民政府国土资源主管部门负责组织专家对地质灾害的成因进行分析论证后认定。对地质灾害的治理责任认定结果有异议的，可以依法申请行政复议或者提起行政诉讼。

（二）地质灾害治理的实施

地质灾害治理工程的确定，应当与地质灾害形成的原因、规模以及对人民生命和财产安全的危害程度相适应。

承担专项地质灾害治理工程勘查、设计、施工和监理的单位，应当具备下列条件，经省级以上人民政府国土资源主管部门资质审查合格，取得国土资源主管部门颁发的相应等级的资质证书后，方可在资质等级许可的范围内从事地质灾害治理工程的勘查、设计、施工和监理活动，并承担相应的责任：第一，有独立的法人资格；第二，有一定数量的水文地质、环境地质、工程地质等相应专业的技术人员；第三，有相应的技术装备；第四，有完善的工程质量管理制度。地质灾害治理工程的勘查、设计、施工和监理应当符合国家有关标准和技术规范。

政府投资的地质灾害治理工程竣工后，由县级以上人民政府国土资源主管部门组织竣工验收。其他地质灾害治理工程竣工后，由责任单位组织竣工验收；竣工验收时，应当有国土资源主管部门参加。

政府投资的地质灾害治理工程经竣工验收合格后，由县级以上人民政府国土资源主管部门指定的单位负责管理和维护；其他地质灾害治理工程经竣工验收合格后，由负责治理的责任单位负责管理和维护。

违规建设引起地质灾害不能免责

2004年10月4日，王某、李某与高某签订了联合建设协议书。在申办建设工程规划许可证之前，王某、李某委托市地质环境监测站对其拟建房屋宅基地地质灾害危险性进行了评估，该站出具了《王某、李某宅基地地质环境调查报告》，指出由于坡面上部堆积着松散的碎石土，一旦开挖边坡，破坏了平衡条件，若不及时采取有效挡护措施，在久雨或暴雨作用下，必然会引发边坡土体滑塌，对建筑物及人员生命安全构成威胁。同年11月25日，县城建局为高某、李某、王某办理了《建设工程规划许可证》，准许高某等在建筑面积520平方米以内建楼，并严格按地质监测站报告要求，做好边坡防滑护挡工程后，方可建房。在未对防挡设施聘请有资质的单位进行设计的情况下，高某等人于2004年12月开始动工建设。实际开挖面积超出批准建设用地865.15平方米，且未按照地质环境调查建议和有关工程建设的技术规范进行，形成了高20米，近90度的悬空面，造成了工程区后背坡大面积滑塌，直接威胁到周围居民的生命财产安全。县国土局于2005年7月1日组织专家到现场勘查，作出《县城区某地地质灾害成因分析》，并以此为据认定被告违规建设引发地质灾害，通知高某等履行监测险情、应急排险、进行治理等法律责任。由于险情不断扩大，县国土局与某大学签订建设工程勘察设计合同，对该地地质灾害的治理进行勘察设计。

2005年8月，该大学工程勘察研究院提交了相关报告。该报告认为该处滑坡的内在因素主要是该处的地质构造。外部因素一是拟建工程开挖使临空面暴露时间过长，已有支护结构失效，促进了滑坡的形成；二是大量雨水渗入坡体，对滑坡形成起了诱发作用。

高某等不服县国土局作出的责任认定通知，向县人民政府提起行政复议的申请，县人民政府作出行政复议决定书，维持县国土局作出的关于责任认定的通知。高某等不服，提起行政诉讼。

 释解

《地质灾害防治条例》第三十五条规定，因工程建设等人为活动引发的地质灾害，由责任单位承担治理责任。地质灾害的发生通常都有地质构造等内因，人为建设活动构成地质灾害发生的外部因素。事物的产生、发展都是内因和外因共同作用的结果。

就本案而言，高某等拟建房处属于滑坡易发区是不争的事实，是发生滑坡险情的内因，而高某等的建设行为则是引发险情的外因。在滑坡易发区违规建设引起地质灾害的，不能作为引发地质灾害免责的理由。原告在办理规划许可手续之前，委托市地质环境监测站对建房处的地质环境所作的调查报告，对地质灾害的危险性已经提出警告，并提出了建议意见，原告建房处属采取有效措施后可以建房的滑坡易发区，而非绝对禁止任何建设行为的危险区，因此相关部门为其办理了合法建房的手续。由于高某等扩大建筑面积和没有严格按照地质环境调查报告的建议施工，也没有对防滑设施的建设委托有资质的单位进行设计，引起了边坡上岩体大面积滑移，从而引发了地质灾害的发生。因此是原告的施工行为而非政府相关部门的审批行为引发了地质灾害。县国土局在得知滑坡险情后，组织专家赴实地对灾害险情的成因进行了勘查，经过分析论证，作出灾害险情责任认定书，事实清楚，证据充分，适用法律正确。

第六章

国土资源相关法律规定

在国土资源管理规定体系中，除了地政、矿政、海政三大业务板块外，还需要一些相关细化管理办法，如国土资源中的行政复议实施、自然灾害救助、不动产登记、退耕还林、探矿权采矿权的转让、地质勘查资质管理等方面，本章主要围绕以上六个方面内容进行介绍。

第一节 国土资源行政复议

一、一般规定

国土资源部对全国国土资源行政复议和行政应诉工作进行指导和监督。上级国土资源行政主管部门对下级国土资源行政主管部门的行政复议和行政应诉工作进行指导和监督。

行政复议机关可以根据工作需要设立行政复议委员会。行政复议委员会的主要职责是：第一，审定行政复议的工作规则、制度和程序；第二，研究处理行政复议法第七条规定的抽象行政行为，提出处理意见；第三，审定重大、复杂的行政复议案件，研究因行政复议决定引起的重大、复杂的行政诉讼案件，提出处理意见；第四，研究、解决行政复议涉及的其他重大问题。行政复议机构是行政复议委员会的日常办事机构。

行政复议机构办理行政复议事项，组织办理行政应诉事项，具体指导和监督下级国土资源行政主管部门的行政复议和行政应诉工作。行政复议机关的其他机构根据本规定负责相关工作。

行政复议机构审理行政复议案件，应当由两名以上行政复议人员参加。行政复议人员应当具备良好的法律素养，熟悉国土资源管理法律法规，忠于职守，秉公执法，并取得相应资格。

行政复议机关应当配备必需的行政复议人员及办案设施，根据工作需要定期组织业务培训，对在行政复议工作中取得显著成绩的单位和个人，依照有关规定给予表彰和奖励。

二、受理

行政复议机构统一受理行政复议申请。行政复议机关的其他机构收到行政复议申请的，应当自收到行政复议申请之日起两个工作日内转送本行政复议机关的行政复议机构。行政复议机构应当对收到的行政复议申请进行专门登记。

行政复议申请材料不齐全或者表述不清楚的，行政复议机构可以在收到该行政复议申请之日起五个工作日内书面通知申请人补正。补正通知书应当载明下列事项：第一，行政复议申请书中需要修改、补充的具体内容；第二，需要补正的材料；第三，合理的补正期限；第四，逾期未补正的法律后果。

行政复议申请符合行政复议法实施条例第二十八条规定的，行政复议机构应当受理，制作行政复议受理通知书并发送申请人。行政复议受理通知书应当告知申请人依法享有的权利。

对不属于本行政复议机关职责范围的行政复议申请，应当书面告知申请人向有关行政复议机关提出。申请人以同一事实和理由重复提出行政复议申请的，应当书面告知申请人不再重复处理。

对不符合法定受理条件，但是在审查中发现被申请人或者下级国土资源行政主管部门的行政行为存在违法或者明显不当情形的，行政复议机关可以要求有关部门查明事实，纠正违法行为，并将纠正结果书面报送行政复议机关。

三、审理

（一）行政复议答复

行政复议机构应当自受理行政复议申请之日起七个工作日内，将提出答复通知书与申请书副本或者申请笔录复印件一并发送被申请人。

国土资源部为被申请人的，由具体行政行为的原承办机构提出书面答复，送本机构分管部领导审签，加盖国土资源部印章。具体行政行为由几个机构共同承办的，由主办机构负责提出书面答复，其他机构协助办理。地方国土资源行政主管部门为被申请人的，由具体行政行为的原承办机构提出书面答复，经本机关行政复议机构审核后，报本机关负责人签发。具体行政行为的原承办机构应当指定一至二名代理人参加行政复议活动。

被申请人应当自收到申请书副本或者申请笔录复印件之日起十日内，提交行政复议答复书，并提交当初作出具体行政行为的证据、依据和其他有关材料。被申请人不按照前款规定提出书面答复、提交当初作出具体行政行为的证据、依据和其他有关材料的，视为该具体行政行为没有证据、依据。

行政复议答复书应当载明下列事项，并加盖被申请人印章：第一，被申请人的名称、地址、法定代表人的姓名、职务；第二，作出具体行政行为的事实和有关证据材料；第三，作出具体行政行为依据的法律、法规、规章和规范性文件的具体条款和内容；第四，对申请人复议请求的意见和理由；第五，作出答复的日期。被申请人应当对其提交的证据材料分类编号，对证据材料的来源、证明对象和内容作简要说明。

有下列情形之一的，经行政复议机构同意，被申请人可以补充相关证据：第一，在作出具体行政行为时已经收集并作为作出该具体行政行为的证据，但在提出行政复议答复时因不可抗力等正当理由不能提供的；第二，申请人或者第三人在行政复议过程中，提出了在作出具体行政行为时没有提出的申辩理由或者证据的。

行政复议机关应当为申请人、第三人查阅案卷材料提供必要的场所和条件。查阅时，申请人、第三人及其代理人应当出示证件，行政复议机构人员应当在场。

对受理的行政复议案件，行政复议机构可以根据案件需要征求本行政复议机关相关机构的意见。

行政复议原则上采取书面审理的办法。行政复议机构也可以召开行政复议案件审查会，当面听取当事人的意见。当事人一方超过三人的，推选一至三名代表参加审查会。审查会由行政复议机构主持，相关机构应当派人参加并根据审查情况提出评议意见。当事人参加审查会应当出示证件，可以陈述、质证和申辩。审查会可以制作审查笔录和评议笔录，审查笔录应当交参加审查会的当事人签字或者盖章，评议笔录应当交评议人员签字或者盖章。

（二）听证

重大、复杂的行政复议案件，申请人提出要求或者行政复议机构认为必要时，可以采取听证的方式审理。听证应当遵循公开、公平、公正和便民的原则，充分听取当事人的意见，保证其陈述、质证和申辩的权利。除涉及国家秘密、商业秘密或者个人隐私外，听证公开举行。

行政复议机构决定举行听证的，应当于举行听证的七个工作日前将举行听证的时间、地点、具体要求等事项书面通知当事人。被申请人必须参加听证，申请人无正当理由不参加听证的，视为放弃听证权利。第三人不参加听证的，不影响听证的举行。当事人一方超过三人的，推选一至三名代表参加听证。

听证由行政复议机构负责人或者其指派的人员主持，听证员由行政复议机构人员和相关机构人员组成。听证员的人数应当为单数。

听证应当按照以下程序进行：第一，核对当事人的身份，告知当事人权利和义务；第二，当事人陈述；第三，当事人质证；第四，当事人辩论；第五，当事人进行最后陈述。

听证应当制作听证笔录。听证笔录应当载明下列事项：第一，听证的时间、地点；第二，当事人及其代理人的基本情况；第三，听证主持人、听证员、书记员的姓名、职务等；第四，案由；第五，当事人争议的焦点问题，有关事实、证据和依据；第六，其他应当载明的事项。听证笔录应当交当事人核对并签字或者盖章。

（三）行政复议中止与终止

依法中止的行政复议案件，中止的情形消除后，应当在五个工作日内恢复审理，并书面通知当事人。

行政复议期间有下列情形之一的，行政复议终止：第一，申请人要求撤回行政复议申请，行政复议机构准予撤回的；第二，作为申请人的自然人死亡，没有近亲属或者其近亲属放弃行政复议权利的；第三，作为申请人的法人或者其他组织终止，其权利义务的承受人放弃行政复议权利的；第四，申请人与被申请人依照行政复议法实施条例第四十条的规定，经行政复议机构准许达成和解的。

四、决定

行政复议机构应当依法审查被申请人作出的具体行政行为，提出处理意见，经本行政复议机关负责人或者本行政复议机关分管行政复议工作的负责人审查批准后，作出行政复议决定。重大、复杂行政复议案件的处理意见，可以提交本行政复议机关行政复议委员会审定。

作出行政复议决定，应当制作行政复议决定书。行政复议决定书应当载明下列内容并加盖行政复议机关的印章或者行政复议专用章：第一，申请人的姓名、性别、年龄、民族、职业、住址（法人或者其他组织的名称、地址、法定代表人的姓名、职务），申请人委托代理人的姓名、住址；第二，被申请人的名称、地址，法定代表人的姓名、职务，被申请人委托代理人的姓名、住址；第三，第三人的姓名、性别、年龄、民族、职业、住址（法人或者其他组织的名称、地址、法定代表人的姓名、职务），第三人委托代理人的姓名、住址；第四，申请人的复议请求和理由；第五，被申请人答复的理由和依据；第六，第三人答复的理由和依据；第七，行政复议审查认定的事实和证据；第八，行政复议结论和依据；第九，不服行政复议决定向人民法院提起诉讼或者向国务院申请裁决的期限；第十，作出行政复议决定的日期。

行政复议机关在送达行政复议决定书时，应当填写送达回证。

行政复议决定维持引起行政诉讼的，由具体行政行为的原承办机构收集、整理作出具体行政行为的证据、依据和其他有关材料，提出答辩状，确定一至二名代理人出庭应诉，行政复议机构协助办理；行政复议决定改变原具体行政行为引起行政诉讼的，由行政复议机构负责应诉。具体行政行为直接引起行政诉讼的，由具体行政行为的原承办机构收集、整理作出具体行政行为的证据、依据和其他有关材料，提出答辩状，确定一至二名代理人出庭应诉，行政复议机构协助办理。

五、执行和监督检查

被申请人应当履行行政复议决定。被申请人不履行或者无正当理由拖延履行行政复议决定的，行政复议机关应当责令其在法定期限内履行。责令限期履行的，应当制作责令限期履行通知书。被申请人自收到责令履行通知书之日起应当在法定期限内履行行政复议决定，并将履行情况报送行政复议机关。

被责令重新作出具体行政行为的，被申请人不得以同一事实和理由作出与原具体行政行为相同或者基本相同的具体行政行为，但因违反法定程序被责令重新作出具体行政行为的除外。

上级国土资源行政主管部门应当通过定期检查、抽查等方式，对下级国土资源行政主管部门的行政复议工作和制度执行情况进行检查。

行政复议机构未依法对行政复议申请登记或者审查的，行政复议机关可以责令其依法履行职责。其他机构未按本规定转送行政复议申请的，承担由此引起的相关法律责任。具体行政行为的原承办机构未按要求提出书面答复和确定代理人的，承担由此引起的相关法律责任。

国土资源行政主管部门应当将行政复议工作、行政复议决定的执行情况纳入依法行政的考核范围。不履行行政复议决定，或者在收到行政复议意见书之日起六十日内未将纠正相关行政违法行为的情况报送行政复议机关的，行政复议机关应当通报批评，被通报批评的国土资源行政主管部门直接负责的主管人员和其他直接责任人员不能参加当年度和下一年度的各项评优活动。

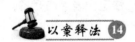
以案释法 14

土地权属争议，复议终局裁决

A市S村和B市H村因土地所有权长期发生争议。省政府办公厅根据A市政府和B市政府的请求组织调查后，下发了"关于A市S村与B市H村纠纷土地的权属确认问题的复函"，认定争议土地属于国有土地；依照该省调处土地纠纷确定土地权属的若干规定，将争议土地的70%划给B市H村使用，其余部分划给A市S村使用。

S村对上述确权决定不服，向A市中级人民法院提起行政诉讼。A市中级人民法院一审判决，确认争议土地属国家所有土地的证据、依据不足，以政府办公厅内部复函形式处理土地权属争议违反法定程序，判决撤销复函，由省政府重新作出处理决定。省政府先后作出了行政确权决定和行政复议决定，决定均将争议土地的70%划给B市H村使用，其余部分划给A市S村使用。S村对这个决定仍然不服，按照行政复议法的规定，向国务院提出最终裁决申请。国务院经审查，认为被申请人在依法确认争议土地所有权同时，根据争议土地的历史使用的沿革情况、使用时间的先后长短和现有的使用状况，将争议土地70%和30%分别确认H村和S村使用，是比较适当的。但是，在确认土地使用权时，未引用当时有效的规定，而是引用了已经废止的规定的有关条款，不符合法律规范的适用规则，应当予以纠正，因此作出最终裁决：维持被S村确认争议土地为国有土地的决定；维持省政府将该争议土地的70%和30%分别确认给本案H村和S村使用的结论变更处理该争议土地使用权的法律依据。

 释解

本案涉及的土地权争议通过复议程序得到了妥善解决，对这个案件的处理，体现了行政复议制度与其他法律制度的区别。

第一，我国土地属于国家或集体所有。凡是需要取得土地权的都要由政府依法认可，因此确认土地所有权或使用权首先是一种行政行为。对行政行为持有不同意见将形成管理相对人与行政管理人之间的行政争议。

第二，土地权属争议是特殊的行政争议，必须首先通过行政复议途径来解决。行政复议法第三十条第一款规定，公民、法人或者其他组织认为行政机关的具体行政行为侵犯其已经取得的土地、矿藏、水流、森林、山岭、草原、荒地、滩涂、海域等自然资源的所有权或者使用权的，应当先申请行政复议。

第三，关于最终裁决的问题。最终裁决是行政复议的申请人不服行政复议机关作出的行政复议决定，按照法律规定和复议决定交待的权利，向最高行政复议机关提出裁决申请，复议机关作出裁决的行政复议程序。行政复议法第十四条规定："对国务院部门或者省、自治区、直辖市人民政府的具体行政行为不服的，向作出该具体行政行为的国务院部门或者省、自治区、直辖市人民政府申请行政复议。对行政复议决定不服的，可以向人民法院提起行政诉讼；也可以向国务院申请裁决，国务院依照本法的规定作出最终裁决。"由于在本案中作出土地权属争议处理决定的机关是省级政府，复议机关也是省级政府，因此申请人对复议决定不服有两个可供选择的寻求进一步救济的途径：向人民法院提起行政诉讼或者向作出复议决定的上一级人民政府要求裁决。如果选择了行政裁决，则裁决机关为最高行政复议机关，裁决的结果是终局的，不能再进行诉讼，整个行政救济的程序结束。

第二节　自然灾害救助监管

一、自然灾害救助管理体制

自然灾害救助工作实行各级人民政府行政领导负责制。国家减灾委员会负责组织、领导全国的自然灾害救助工作，协调开展重大自然灾害救助活动。国务院民政部门负责全国的自然灾害救助工作，承担国家减灾委员会的具体工作。国务院有关部门按照各自职责做好全国的自然灾害救助相关工作。县级以上地方人民政府或者人民政府的自然灾害救助应急综合协调机构，组织、协调本行政区域的自然灾害救助工作。县级以上地方人民政府民政部门负责本行政区域的自然灾害救助工作。县级以上地方人民政府有关部门按照各自职责做好本行政区域的自然灾害救助相关工作。

县级以上人民政府应当将自然灾害救助工作纳入国民经济和社会发展规划，建立健全与自然灾害救助需求相适应的资金、物资保障机制，将人民政府安排的自然灾害救助资金和自然灾害救助工作经费纳入财政预算。

村民委员会、居民委员会以及红十字会、慈善会和公募基金会等社会组织，依法协助人民政府开展自然灾害救助工作。国家鼓励和引导单位和个人参与自然灾害救助捐赠、志愿服务等活动。

各级人民政府应当加强防灾减灾宣传教育，提高公民的防灾避险意识和自救互救能力。村民委员会、居民委员会、企业事业单位应当根据所在地人民政府的要求，结合各自的实际情况，开展防灾减灾应急知识的宣传普及活动。对在自然灾害救助中作出突出贡献的单位和个人，按照国家有关规定给予表彰和奖励。

二、救助准备

县级以上地方人民政府及其有关部门应当根据有关法律、法规、规章，上级人民政府及其有关部门的应急预案以及本行政区域的自然灾害风险调查情况，制定相应的自然灾害救助应急预案。

自然灾害救助应急预案应当包括下列内容：第一，自然灾害救助应急组织指挥体系及其职责；第二，自然灾害救助应急队伍；第三，自然灾害救助应急资金、物资、设备；第四，自然灾害的预警预报和灾情信息的报告、处理；第五，自然灾害救助应急响应的等级和相应措施；第六，灾后应急救助和居民住房恢复重建措施。

县级以上人民政府应当建立健全自然灾害救助应急指挥技术支撑系统，并为自然灾害救助工作提供必要的交通、通信等装备。

国家建立自然灾害救助物资储备制度，由国务院民政部门分别会同国务院财政部门、发展改革部门制定全国自然灾害救助物资储备规划和储备库规划，并组织实施。设区的市级以上人民政府和自然灾害多发、易发地区的县级人民政府应当根据自然灾害特点、居民人口数量和分布等情况，按照布局合理、规模适度的原则，设立自然灾害救助物资储备库。

县级以上地方人民政府应当根据当地居民人口数量和分布等情况，利用公园、广场、体育场馆等公共设施，统筹规划设立应急避难场所，并设置明显标志。启动自然灾害预警响应或者应急响应，需要告知居民前往应急避难场所的，县级以上地方人民政府或者人民政府的自然灾害救助应急综合协调机构应当通过广播、电视、手机短信、电子显示屏、互联网等方式，及时公告应急避难场所的具体地址和到达路径。

县级以上地方人民政府应当加强自然灾害救助人员的队伍建设和业务培训，村民委员会、居民委员会和企业事业单位应当设立专职或者兼职的自然灾害信息员。

三、应急救助

县级以上人民政府或者人民政府的自然灾害救助应急综合协调机构应当根据自然灾害预警预报启动预警响应，采取下列一项或者多项措施：第一，向社会发布规避自然灾害风险的警告，宣传避险常识和技能，提示公众做好自救互救准备；第二，开放应急避难场所，疏散、转移易受自然灾害危害的人员和财产，情况紧急时，实行有组织的避险转移；第三，加强对易受自然灾害危害的乡村、社区以及公共场所的安全保障；第四，责成民政等部门做好基本生活救助的准备。

自然灾害发生并达到自然灾害救助应急预案启动条件的，县级以上人民政府或者人民政府的自然灾害救助应急综合协调机构应当及时启动自然灾害救助应急响应，采取下列一项或者多项措施：第一，立即向社会发布政府应对措施和公众防范措施；第二，紧急转移安置受灾人员；第三，紧急调拨、运输自然灾害救助应急资金和物资，及时向受灾人员提供食品、饮用水、衣被、取暖、临时住所、医疗防疫等应急救助，保障受灾人员基本生活；第四，抚慰受灾人员，处理遇难人员善后事宜；第五，组织受灾人员开展自救互救；第六，分析评估灾情趋势和灾区需求，采取相应的自然灾害救助措施；第七，组织自然灾害救助捐赠活动。对应急救助物资，各交通运输主管部门应当组织优先运输。

在自然灾害救助应急期间，县级以上地方人民政府或者人民政府的自然灾害救助应急综合协调机构可以在本行政区域内紧急征用物资、设备、交通运输工具和场地，自然灾害救助应急工作结束后应当及时归还，并按照国家有关规定给予补偿。

自然灾害造成人员伤亡或者较大财产损失的，受灾地区县级人民政府民政部门应当立即向本级人民政府和上一级人民政府民政部门报告。自然灾害造成特别重大或者重大人员伤亡、财产损失的，受灾地区县级人民政府民政部门应当按照有关法律、行政法规和国务院应急预案规定的程序及时报告，必要时可以直接报告国务院。

灾情稳定前，受灾地区人民政府民政部门应当每日逐级上报自然灾害造成的人员伤亡、财产损失和自然灾害救助工作动态等情况，并及时向社会发布。灾情稳定后，受灾地区县级以上人民政府或者人民政府的自然灾害救助应急综合协调机构应当评估、核定并发布自然灾害损失情况。

四、灾后救助

受灾地区人民政府应当在确保安全的前提下，采取就地安置与异地安置、政府安置与自行安置相结合的方式，对受灾人员进行过渡性安置。就地安置应当选择在交通便利、便于恢复生产和生活的地点，并避开可能发生次生自然灾害的区域，尽量不占用或者少占用耕地。受灾地区人民政府应当鼓励并组织受灾群众自救互救，恢复重建。

自然灾害危险消除后，受灾地区人民政府应当统筹研究制定居民住房恢复重建规划和优惠政策，组织重建或者修缮因灾损毁的居民住房，对恢复重建确有困难的家庭予以重点帮扶。居民住房恢复重建应当因地制宜、经济实用，确保房屋建设质量符合防灾减灾要求。受灾地区人民政府民政等部门应当向经审核确认的居民住房恢复重建补助对象发放补助资金和物资，住房城乡建设等部门应当为受灾人员重建或者修缮因灾损毁的居民住房提供必要的技术支持。

居民住房恢复重建补助对象由受灾人员本人申请或者由村民小组、居民小组提名。经村民委员会、居民委员会民主评议，符合救助条件的，在自然村、社区范围内公示；无异议或者经村民委员会、居民委员会民主评议异议不成立的，由村民委员会、居民委员会将评议意见和有关材料提交乡镇人民政府、街道办事处审核，报县级人民政府民政等部门审批。

自然灾害发生后的当年冬季、次年春季，受灾地区人民政府应当为生活困难的受灾人员提供基本生活救助。受灾地区县级人民政府民政部门应当在每年10月底前统计、评估本行政区域受灾人员当年冬季、次年春季的基本生活困难和需求，核实救助对象，编制工作台账，制定救助工作方案，经本级人民政府批准后组织实施，并报上一级人民政府民政部门备案。

五、救助款物管理

县级以上人民政府财政部门、民政部门负责自然灾害救助资金的分配、管理并监督使用情况。县级以上人民政府民政部门负责调拨、分配、管理自然灾害救助物资。

人民政府采购用于自然灾害救助准备和灾后恢复重建的货物、工程和服务，依照有关政府采购和招标投标的法律规定组织实施。自然灾害应急救助和灾后恢复重建中涉及紧急抢救、紧急转移安置和临时性救助的紧急采购活动，按照国家有关规定执行。

自然灾害救助款物专款（物）专用，无偿使用。定向捐赠的款物，应当按照捐赠人的意愿使用。政府部门接受的捐赠人无指定意向的款物，由县级以上人民政府民政部门统筹安排用于自然灾害救助；社会组织接受的捐赠人无指定意向的款物，由社会组织按照有关规定用于自然灾害救助。

自然灾害救助款物应当用于受灾人员的紧急转移安置，基本生活救助，医疗救助，教育、医疗等公共服务设施和住房的恢复重建，自然灾害救助物资的采购、储存和运输，以及因灾遇难人员亲属的抚慰等项支出。

受灾地区人民政府民政、财政等部门和有关社会组织应当通过报刊、广播、电视、互联网，主动向社会公开所接受的自然灾害救助款物和捐赠款物的来源、数量及其使用情况。受灾地区村民委员会、居民委员会应当公布救助对象及其接受救助款物数额和使用情况。

各级人民政府应当建立健全自然灾害救助款物和捐赠款物的监督检查制度，并及时受理投诉和举报。县级以上人民政府监察机关、审计机关应当依法对自然灾害救助款物和捐赠款物的管理使用情况进行监督检查，民政、财政等部门和有关社会组织应当予以配合。

六、法律责任

行政机关工作人员违反本条例规定，有下列行为之一的，由任免机关或者监察机关依照法律法规给予处分；构成犯罪的，依法追究刑事责任：第一，迟报、谎报、瞒报自然灾害损失情况，造成后果的；第二，未及时组织受灾人员转移安置，或者在提供基本生活救助、组织恢复重建过程中工作不力，造成后果的；第三，截留、挪用、私分自然灾害救助款物或者捐赠款物的；第四，不及时归还征用的财产，或者不按照规定给予补偿的；第五，有滥用职权、玩忽职守、徇私舞弊的其他行为的。

采取虚报、隐瞒、伪造等手段，骗取自然灾害救助款物或者捐赠款物的，由县级以上人民政府民政部门责令限期退回违法所得的款物；构成犯罪的，依法追究刑事责任。

抢夺或者聚众哄抢自然灾害救助款物或者捐赠款物的，由县级以上人民政府民政部门责令停止违法行为；构成违反治安管理行为的，由公安机关依法给予治安管理处罚；构成犯罪的，依法追究刑事责任。

以暴力、威胁方法阻碍自然灾害救助工作人员依法执行职务，构成违反治安管理行为的，由公安机关依法给予治安管理处罚；构成犯罪的，依法追究刑事责任。

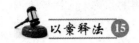

旦某贪污案

2008年12月22日，被告人旦某为冲抵预借的某草场围栏费，在没有实际发放草场牧民围栏人工补助、没有实际修建抗震饲料水磨坊、没有实际产生草场围栏工作支出的情况下，以伪造的草场围栏人工补助费30800元、修建村委会抗震救灾饲料加工水磨坊建设费8000元及村委会在草场围栏工作的开支7200元的名义，经其审批后到县财政局冲账共46000元。其中8000元实际支出且已兑现给当事人外，套取的剩余乡政府资金38000元被被告人旦某占为己有。2010年1月5日，在从未发放过草场围栏民工工资的情况下，被告人旦某伙同原乡长嘎某（另案处理）以"解决农田围栏建设拖欠劳力补助"的名义，争取县政府资金20000元，而后伪造农田围栏民工工资表，到县财政局报销，套取政府资金20000元，二人各分得10000元并占为己有。2011年3月14日，旦某用伪造的乡落实2010年度草场植被恢复费的表格和伪造收据在县财政局集中核算资金户中冲账后将60000元公款占为己有。2011年5月30日，乡人民政府假借解决五保户白某等五人房屋维修资金及2011年5月解决自然灾害救助款的名义，从县民政局争取解决自然灾害救助款25000元。2011年6月7日，被告人旦某到县民政局报销领取中央自然灾害救助款25000元。其中8000元用于村民的房屋修建，其余17000元被告人旦某占为己有。

我国自然灾害救助条例第三十条规定："采取虚报、隐瞒、伪造等手段，骗取自然灾害救助款物或者捐赠款物的，由县级以上人民政府民政部门责令限期退回违法所得的款物；构成犯罪的，依法追究刑事责任。"我国刑法第三百八十二条第一款对贪污罪作了规定："国家工作人员利用职务上的便利，侵吞、窃取、骗取或者以其他手段非法占有公共财物的，是贪污罪。"

被告人旦某在担任乡党委书记期间，利用职务之便，采用虚构事实的手段，非法占有数额较大的公共财物，其行为确已触犯刑法之规定，构成贪污罪。

第三节　不动产登记争议处理

一、一般规定

国家实行不动产统一登记制度。

不动产登记遵循严格管理、稳定连续、方便群众的原则。不动产权利人已经依法享有的不动产权利，不因登记机构和登记程序的改变而受到影响。

下列不动产权利，依照《不动产登记暂行条例》的规定办理登记：第一，集体土地所有权；第二，房屋等建筑物、构筑物所有权；第三，森林、林木所有权；第四，耕地、林地、草地等土地承包经营权；第五，建设用地使用权；第六，宅基地使用权；第七，海域使用权；第八，地役权；第九，抵押权；第十，法律规定需要登记的其他不动产权利。

国务院国土资源主管部门负责指导、监督全国不动产登记工作。县级以上地方人民政府应当确定一个部门为本行政区域的不动产登记机构，负责不动产登记工作，并接受上级人民政府不动产登记主管部门的指导、监督。

不动产登记由不动产所在地的县级人民政府不动产登记机构办理；直辖市、设区的市人民政府可以确定本级不动产登记机构统一办理所属各区的不动产登记。跨县级行政区域的不动产登记，由所跨县级行政区域的不动产登记机构分别办理。不能分别办理的，由所跨县级行政区域的不动产登记机构协商办理；协商不成的，由共同的上一级人民政府不动产登记主管部门指定办理。国务院确定的重点国有林区的森林、林木和林地，国务院批准项目用海、用岛，中央国家机关使用的国有土地等不动产登记，由国务院国土资源主管部门会同有关部门规定。

二、不动产登记簿

不动产以不动产单元为基本单位进行登记。不动产单元具有唯一编码。不动产登记机构应当按照国务院国土资源主管部门的规定设立统一的不动产登记簿。

不动产登记簿应当记载以下事项：第一，不动产的坐落、界址、空间界限、面积、用途等自然状况；第二，不动产权利的主体、类型、内容、来源、期限、权利变化等权属状况；第三，涉及不动产权利限制、提示的事项；第四，其他相关事项。

不动产登记簿应当采用电子介质，暂不具备条件的，可以采用纸质介质。不动产登记机构应当明确不动产登记簿唯一、合法的介质形式。不动产登记簿采用电子介质的，应当定期进行异地备份，并具有唯一、确定的纸质转化形式。

不动产登记机构应当依法将各类登记事项准确、完整、清晰地记载于不动产登记簿。任何人不得损毁不动产登记簿，除依法予以更正外不得修改登记事项。

不动产登记工作人员应当具备与不动产登记工作相适应的专业知识和业务能力。

不动产登记机构应当加强对不动产登记工作人员的管理和专业技术培训。

不动产登记机构应当指定专人负责不动产登记簿的保管，并建立健全相应的安全责任制度。采用纸质介质不动产登记簿的，应当配备必要的防盗、防火、防渍、防有害生物等安全保护设施。采用电子介质不动产登记簿的，应当配备专门的存储设施，并采取信息网络安全防护措施。

不动产登记簿由不动产登记机构永久保存。不动产登记簿损毁、灭失的，不动产登记机构应当依据原有登记资料予以重建。行政区域变更或者不动产登记机构职能调整的，应当及时将不动产登记簿移交相应的不动产登记机构。

三、登记程序

因买卖、设定抵押权等申请不动产登记的，应当由当事人双方共同申请。属于下列情形之一的，可以由当事人单方申请：第一，尚未登记的不动产首次申请登记的；第二，继承、接受遗赠取得不动产权利的；第三，人民法院、仲裁委员会生效的法律文书或者人民政府生效的决定等设立、变更、转让、消灭不动产权利的；第四，权利人姓名、名称或者自然状况发生变化，申请变更登记的；第五，不动产灭失或者权利人放弃不动产权利，申请注销登记的；第六，申请更正登记或者异议登记的；第七，法律、行政法规规定可以由当事人单方申请的其他情形。

当事人或者其代理人应当到不动产登记机构办公场所申请不动产登记。不动产登记机构应当在办公场所和门户网站公开申请登记所需材料目录和示范文本等信息。

申请人应当提交下列材料，并对申请材料的真实性负责：第一，登记申请书；第二，申请人、代理人身份证明材料、授权委托书；第三，相关的不动产权属来源证明材料、登记原因证明文件、不动产权属证书；第四，不动产界址、空间界限、面积等材料；第五，与他人利害关系的说明材料；第六，法律、行政法规以及本条例实施细则规定的其他材料。

不动产登记机构收到不动产登记申请材料，应当分别按照下列情况办理：第一，属于登记职责范围，申请材料齐全、符合法定形式，或者申请人按照要求提交全部补正申请材料的，应当受理并书面告知申请人；第二，申请材料存在可以当场更正的错误的，应当告知申请人当场更正，申请人当场更正后，应当受理并书面告知申请人；第三，申请材料不齐全或者不符合法定形式的，应当当场书面告知申请人不予受理并一次性告知需要补正的全部内容；第四，申请登记的不动产不属于本机构登记范围的，应当当场书面告知申请人不予受理并告知申请人向有登记权的机构申请。不动产登记机构未当场书面告知申请人不予受理的，视为受理。

不动产登记机构受理不动产登记申请的，应当按照下列要求进行查验：第一，不动产界址、空间界限、面积等材料与申请登记的不动产状况是否一致；第二，有关证明材料、文件与申请登记的内容是否一致；第三，登记申请是否违反法律、行政法规规定。

属于下列情形之一的，不动产登记机构可以对申请登记的不动产进行实地查看：第一，房屋等建筑物、构筑物所有权首次登记；第二，在建建筑物抵押权登记；第三，因不动产灭失导致的注销登记；第四，不动产登记机构认为需要实地查看的其他情形。对可能存在权属争议，或者可能涉及他人利害关系的登记申请，不动产登记机构可以向申请人、利害关系人或者有关单位进行调查。不动产登记机构进行实地查看或者调查时，申请人、被调查人应当予以配合。

不动产登记机构应当自受理登记申请之日起三十个工作日内办结不动产登记手续，法律另有规定的除外。

登记事项自记载于不动产登记簿时完成登记。不动产登记机构完成登记，应当依法向申请人核发不动产权属证书或者登记证明。不动产登记机构将申请登记事项记载于不动产登记簿前，申请人可以撤回登记申请。

登记申请有下列情形之一的，不动产登记机构应当不予登记，并书面告知申请人：第一，违反法律、行政法规规定的；第二，存在尚未解决的权属争议的；第三，申请登记的不动产权利超过规定期限的；第四，法律、行政法规规定不予登记的其他情形。

四、登记信息共享与保护

国务院国土资源主管部门应当会同有关部门建立统一的不动产登记信息管理基础平台。各级不动产登记机构登记的信息应当纳入统一的不动产登记信息管理基础平台，确保国家、省、市、县四级登记信息的实时共享。

不动产登记有关信息与住房城乡建设、农业、林业、海洋等部门审批信息、交易信息等应当实时互通共享。不动产登记机构能够通过实时互通共享取得的信息，不得要求不动产登记申请人重复提交。

国土资源、公安、民政、财政、税务、工商、金融、审计、统计等部门应当加强不动产登记有关信息互通共享。

不动产登记机构、不动产登记信息共享单位及其工作人员应当对不动产登记信息保密；涉及国家秘密的不动产登记信息，应当依法采取必要的安全保密措施。

权利人、利害关系人可以依法查询、复制不动产登记资料，不动产登记机构应当提供。有关国家机关可以依照法律、行政法规的规定查询、复制与调查处理事项有关的不动产登记资料。

查询不动产登记资料的单位、个人应当向不动产登记机构说明查询目的，不得将查询获得的不动产登记资料用于其他目的；未经权利人同意，不得泄露查询获得的不动产登记资料。

五、法律责任

不动产登记机构登记错误给他人造成损害，或者当事人提供虚假材料申请登记给他人造成损害的，依照《中华人民共和国物权法》的规定承担赔偿责任。不动产登记机构工作人员进行虚假登记，损毁、伪造不动产登记簿，擅自修改登记事项，或者有其他滥用职权、玩忽职守行为的，依法给予处分；给他人造成损害的，依法承担赔偿责任；构成犯罪的，依法追究刑事责任。

伪造、变造不动产权属证书、不动产登记证明，或者买卖、使用伪造、变造的不动产权属证书、不动产登记证明的，由不动产登记机构或者公安机关依法予以收缴；有违法所得的，没收违法所得；给他人造成损害的，依法承担赔偿责任；构成违反治安管理行为的，依法给予治安管理处罚；构成犯罪的，依法追究刑事责任。

不动产登记机构、不动产登记信息共享单位及其工作人员，查询不动产登记资料的单位或者个人违反国家规定，泄露不动产登记资料、登记信息，或者利用不动产登记资料、登记信息进行不正当活动，给他人造成损害的，依法承担赔偿责任；对有关责任人员依法给予处分；有关责任人员构成犯罪的，依法追究刑事责任。

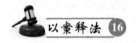 以案释法 16

周某诉刘某等不动产登记纠纷案

被告刘某父亲老刘生前于2000年在某机关集资购房，取得某小区一套房屋所有权，未办理房屋产权登记。老刘在世时，因工作调动将该房屋出售给原告周某夫妇。2006年1月26日老刘病逝，2006年11月28日，被告刘某母亲张某收到原告周某给付的购房款10万元，但双方没有办理房屋过户手续。2014年7月25日，张某因病去世。2014年8月27日，原告周某给付被告刘某现金3万元，作为给付被告往来协助办理过户手续的差旅费，当日被告刘某出具一份授权委托书，在该委托书中写明，其父母在世时将房屋出售给周某，房款已付清，该房屋未办理房产证，被告刘某认可父母将房屋出售给周某的事实，并授权委托律师代其办理与该房产登记、过户相关的一切事宜。周某以刘某不配合办理过户提起诉讼。

 释解

根据我国物权法的相关规定：当事人之间订立有关设立、变更、转让和消灭不动产物权的合同，除法律另有规定或者合同另有约定外，自合同成立时生效；未办理物权登记的，不影响合同效力。被告刘某父母生前与原告周某之间的房屋买卖行为是双方在自愿、平等的基础上的真实意思表示，没有违反法律法规的强制性规定，故该房屋买卖行为合法、有效。本案双方当事人房屋买卖合同成立，且房屋已实际交付使用，原告经依法办理登记、变更手续后，即具有该房屋的所有权。

本案中房屋在被告父母去世前已转卖给原告，被告刘某既未有继承该房屋的事实，也未有与原告买卖该房屋的行为，故原告要求被告协助办理房屋产权过户手续的诉讼请求没有法律依据，应由原告周某单方自行办理该房产的相关登记、过户手续。

第四节　退耕还林政策落实

一、一般规定

各级人民政府应当严格执行"退耕还林、封山绿化、以粮代赈、个体承包"的政策措施。

退耕还林必须坚持生态优先。退耕还林应当与调整农村产业结构、发展农村经济，防治水土流失、保护和建设基本农田、提高粮食单产，加强农村能源建设，实施生态移民相结合。

退耕还林应当遵循下列原则：第一，统筹规划、分步实施、突出重点、注重实效；第二，政策引导和农民自愿退耕相结合，谁退耕、谁造林、谁经营、谁受益；第三，遵循自然规律，因地制宜，宜林则林，宜草则草，综合治理；第四，建设与保护并重，防止边治理边破坏；第五，逐步改善退耕还林者的生活条件。

国务院西部开发工作机构负责退耕还林工作的综合协调，组织有关部门研究制定退耕还林有关政策、办法，组织和协调退耕还林总体规划的落实；国务院林业行政主管部门负责编制退耕还林总体规划、年度计划，主管全国退耕还林的实施工作，负责退耕还林工作的指导和监督检查；国务院发展计划部门会同有关部门负责退耕还林总体规划的审核、计划的汇总、基建年度计划的编制和综合平衡；国务院财政主管部门负责退耕还林中央财政补助资金的安排和监督管理；国务院农业行政主管部门负责已垦草场的退耕还草以及天然草场的恢复和建设有关规划、计划的编制，以及技术指导和监督检查；国务院水行政主管部门负责退耕还林还草地区小流域治理、水土保持等相关工作的技术指导和监督检查；国务院粮食行政管理部门负责粮源的协调和调剂工作。县级以上地方人民政府林业、计划、财政、农业、水利、粮食等部门在本级人民政府的统一领导下，按照本条例和规定的职责分工，负责退耕还林的有关工作。

国家对退耕还林实行省、自治区、直辖市人民政府负责制。省、自治区、直辖市人民政府应当组织有关部门采取措施，保证退耕还林中央补助资金的专款专用，组织落实补助粮的调运和供应，加强退耕还林的复查工作，按期完成国家下达的退耕还林任务，并逐级落实目标责任，签订责任书，实现退耕还林目标。

退耕还林实行目标责任制。县级以上地方各级人民政府有关部门应当与退耕还林工程项目负责人和技术负责人签订责任书，明确其应当承担的责任。

国家支持退耕还林应用技术的研究和推广，提高退耕还林科学技术水平。国务院有关部门和地方各级人民政府应当组织开展退耕还林活动的宣传教育，增强公民的生态建设和保护意识。在退耕还林工作中做出显著成绩的单位和个人，由国务院有关部门和地方各级人民政府给予表彰和奖励。

任何单位和个人都有权检举、控告破坏退耕还林的行为。有关人民政府及其有关部门接到检举、控告后，应当及时处理。各级审计机关应当加强对退耕还林资金和粮食补助使用情况的审计监督。

二、规划和计划

退耕还林应当统筹规划。退耕还林总体规划由国务院林业行政主管部门编制，经国务院西部开发工作机构协调、国务院发展计划部门审核后，报国务院批准实施。省、自治区、直辖市人民政府林业行政主管部门根据退耕还林总体规划会同有关部门编制本行政区域的退耕还林规划，经本级人民政府批准，报国务院有关部门备案。

退耕还林规划应当包括下列主要内容：第一，范围、布局和重点；第二，年限、目标和任务；第三，投资测算和资金来源；第四，效益分析和评价；第五，保障措施。

下列耕地应当纳入退耕还林规划，并根据生态建设需要和国家财力有计划地实施退耕还林：第一，水土流失严重的；第二，沙化、盐碱化、石漠化严重的；第三，生态地位重要、粮食产量低而不稳。江河源头及其两侧、湖库周围的陡坡耕地以及水土流失和风沙危害严重等生态地位重要区域的耕地，应当在退耕还林规划中优先安排。

制定退耕还林规划时，应当考虑退耕农民长期的生计需要。基本农田保护范围内的耕地和生产条件较好、实际粮食产量超过国家退耕还林补助粮食标准并且不会造成水土流失的耕地，不得纳入退耕还林规划；但是，因生态建设特殊需要，经国务院批准并依照有关法律、行政法规规定的程序调整基本农田保护范围后，可以纳入退耕还林规划。

退耕还林规划应当与国民经济和社会发展规划、农村经济发展总体规划、土地利用总体规划相衔接，与环境保护、水土保持、防沙治沙等规划相协调。退耕还林必须依照经批准的规划进行。未经原批准机关同意，不得擅自调整退耕还林规划。

省、自治区、直辖市人民政府林业行政主管部门根据退耕还林规划，会同有关部门编制本行政区域下一年度退耕还林计划建议，由本级人民政府发展计划部门审核，并经本级人民政府批准后，于每年8月31日前报国务院西部开发工作机构、林业、发展计划等有关部门。国务院林业行政主管部门汇总编制全国退耕还林年度计划建议，经国务院西部开发工作机构协调，国务院发展计划部门审核和综合平衡，报国务院批准后，由国务院发展计划部门会同有关部门于10月31日前联合下达。省、自治区、直辖市人民政府发展计划部门会同有关部门根据全国退耕还林年度计划，于11月30日前将本行政区域下一年度退耕还林计划分解下达到有关县（市）人民政府，并将分解下达情况报国务院有关部门备案。

省、自治区、直辖市人民政府林业行政主管部门根据国家下达的下一年度退耕还林计划，会同有关部门编制本行政区域内的年度退耕还林实施方案，报本级人民政府批准实施。县级人民政府林业行政主管部门可以根据批准后的省级退耕还林年度实施方案，编制本行政区域内的退耕还林年度实施方案，报本级人民政府批准后实施，并报省、自治区、直辖市人民政府林业行政主管部门备案。

年度退耕还林实施方案，应当包括下列主要内容：第一，退耕还林的具体范围；第二，生态林与经济林比例；第三，树种选择和植被配置方式；第四，造林模式；第五，种苗供应方式；第六，植被管护和配套保障措施；第七，项目和技术负责人。

县级人民政府林业行政主管部门应当根据年度退耕还林实施方案组织专业人员或者有资质的设计单位编制乡镇作业设计，把实施方案确定的内容落实到具体地块和土地承包经营权人。编制作业设计时，干旱、半干旱地区应当以种植耐旱灌木（草）、恢复原有植被为主；以间作方式植树种草的，应当间作多年生植物，主要林木的初植密度应当符合国家规定的标准。

退耕土地还林营造的生态林面积，以县为单位核算，不得低于退耕土地还林面积的80%。退耕还林营造的生态林，由县级以上地方人民政府林业行政主管部门根据国务院林业行政主管部门制定的标准认定。

三、造林、管护与检查验收

县级人民政府或者其委托的乡级人民政府应当与有退耕还林任务的土地承包经营权人签订退耕还林合同。

退耕还林合同应当包括下列主要内容：第一，退耕土地还林范围、面积和宜林荒山荒地造林范围、面积；第二，按照作业设计确定的退耕还林方式；第三，造林成活率及其保存率；第四，管护责任；第五，资金和粮食的补助标准、期限和给付方式；第六，技术指导、技术服务的方式和内容；第七，种苗来源和供应方式；第八，违约责任；第九，合同履行期限。退耕还林合同的内容不得与国家有关退耕还林的规定相抵触。

退耕还林需要的种苗，可以由县级人民政府根据本地区实际组织集中采购，也可以由退耕还林者自行采购。集中采购的，应当征求退耕还林者的意见，并采用公开竞价方式，签订书面合同，超过国家种苗造林补助费标准的，不得向退耕还林者强行收取超出部分的费用。任何单位和个人不得为退耕还林者指定种苗供应商。禁止垄断经营种苗和哄抬种苗价格。

退耕还林所用种苗应当就地培育、就近调剂,优先选用乡土树种和抗逆性强树种的良种壮苗。林业、农业行政主管部门应当加强种苗培育的技术指导和服务的管理工作,保证种苗质量。销售、供应的退耕还林种苗应当经县级人民政府林业、农业行政主管部门检验合格,并附具标签和质量检验合格证;跨县调运的,还应当依法取得检疫合格证。

省、自治区、直辖市人民政府应当根据本行政区域的退耕还林规划,加强种苗生产与采种基地的建设。国家鼓励企业和个人采取多种形式培育种苗,开展产业化经营。

退耕还林者应当按照作业设计和合同的要求植树种草。禁止林粮间作和破坏原有林草植被的行为。退耕还林者在享受资金和粮食补助期间,应当按照作业设计和合同的要求在宜林荒山荒地造林。

县级人民政府应当建立退耕还林植被管护制度,落实管护责任。退耕还林者应当履行管护义务。禁止在退耕还林项目实施范围内复耕和从事滥采、乱挖等破坏地表植被的活动。

地方各级人民政府及其有关部门应当组织技术推广单位或者技术人员,为退耕还林提供技术指导和技术服务。

县级人民政府林业行政主管部门应当按照国务院林业行政主管部门制定的检查验收标准和办法,对退耕还林建设项目进行检查验收,经验收合格的,方可发给验收合格证明。

省、自治区、直辖市人民政府应当对县级退耕还林检查验收结果进行复查,并根据复查结果对县级人民政府和有关责任人员进行奖惩。国务院林业行政主管部门应当对省级复查结果进行核查,并将核查结果上报国务院。

四、资金和粮食补助

国家按照核定的退耕还林实际面积,向土地承包经营权人提供补助粮食、种苗造林补助费和生活补助费。

尚未承包到户和休耕的坡耕地退耕还林的,以及纳入退耕还林规划的宜林荒山荒地造林,只享受种苗造林补助费。种苗造林补助费和生活补助费由国务院计划、财政、林业部门按照有关规定及时下达、核拨。

补助粮食应当就近调运,减少供应环节,降低供应成本。粮食补助费按照国家有关政策处理。粮食调运费用由地方财政承担,不得向供应补助粮食的企业和退耕还林者分摊。

省、自治区、直辖市人民政府应当根据当地口粮消费习惯和农作物种植习惯以及当地粮食库存实际情况合理确定补助粮食的品种。补助粮食必须达到国家规定的质量标准。不符合国家质量标准的，不得供应给退耕还林者。

退耕土地还林的第一年，该年度补助粮食可以分两次兑付，每次兑付的数量由省、自治区、直辖市人民政府确定。从退耕土地还林第二年起，在规定的补助期限内，县级人民政府应当组织有关部门和单位及时向持有验收合格证明的退耕还林者一次兑付该年度补助粮食。兑付的补助粮食，不得折算成现金或者代金券。供应补助粮食的企业不得回购退耕还林补助粮食。

种苗造林补助费应当用于种苗采购，节余部分可以用于造林补助和封育管护。退耕还林者自行采购种苗的，县级人民政府或者其委托的乡级人民政府应当在退耕还林合同生效时一次付清种苗造林补助费。集中采购种苗的，退耕还林验收合格后，种苗采购单位应当与退耕还林者结算种苗造林补助费。

退耕土地还林后，在规定的补助期限内，县级人民政府应当组织有关部门及时向持有验收合格证明的退耕还林者一次付清该年度生活补助费。

退耕还林资金实行专户存储、专款专用，任何单位和个人不得挤占、截留、挪用和克扣。任何单位和个人不得弄虚作假、虚报冒领补助资金和粮食。

退耕还林所需前期工作和科技支撑等费用，国家按照退耕还林基本建设投资的一定比例给予补助，由国务院发展计划部门根据工程情况在年度计划中安排。退耕还林地方所需检查验收、兑付等费用，由地方财政承担。中央有关部门所需核查等费用，由中央财政承担。

实施退耕还林的乡（镇）、村应当建立退耕还林公示制度，将退耕还林者的退耕还林面积、造林树种、成活率以及资金和粮食补助发放等情况进行公示。

五、法律责任

国家工作人员在退耕还林活动中违反《退耕还林条例》的规定，有下列行为之一的，依照刑法关于贪污罪、受贿罪、挪用公款罪或者其他罪的规定，依法追究刑事责任；尚不够刑事处罚的，依法给予行政处分：第一，挤占、截留、挪用退耕还林资金或者克扣补助粮食的；第二，弄虚作假、虚报冒领补助资金和粮食的；第三，利用职务上的便利收受他人财物或者其他好处的。国家工作人员以外的其他人员有前款第二项行为的，依照刑法关于诈骗罪或者其他罪的规定，依法追究刑事责任；尚不够刑事处罚的，由县级以上人民政府林业行政主管部门责令退回所冒领的补助资金和粮食，处以冒领资金额二倍以上五倍以下的罚款。

国家机关工作人员在退耕还林活动中违反本条例的规定，有下列行为之一的，由其所在单位或者上一级主管部门责令限期改正，退还分摊的和多收取的费用，对直接负责的主管人员和其他直接责任人员，依照刑法关于滥用职权罪、玩忽职守罪或者其他罪的规定，依法追究刑事责任；尚不够刑事处罚的，依法给予行政处分：第一，未及时处理有关破坏退耕还林活动的检举、控告的；第二，向供应补助粮食的企业和退耕还林者分摊粮食调运费用的；第三，不及时向持有验收合格证明的退耕还林者发放补助粮食和生活补助费的；第四，在退耕还林合同生效时，对自行采购种苗的退耕还林者未一次付清种苗造林补助费的；第五，集中采购种苗的，在退耕还林验收合格后，未与退耕还林者结算种苗造林补助费的；第六，集中采购的种苗不合格的；第七，集中采购种苗的，向退耕还林者强行收取超出国家规定种苗造林补助费标准的种苗费的；第八，为退耕还林者指定种苗供应商的；第九，批准粮食企业向退耕还林者供应不符合国家质量标准的补助粮食或者将补助粮食折算成现金、代金券支付的；第十，其他不依照本条例规定履行职责的。

采用不正当手段垄断种苗市场，或者哄抬种苗价格的，依照刑法关于非法经营罪、强迫交易罪或者其他罪的规定，依法追究刑事责任；尚不够刑事处罚的，由工商行政管理机关依照反不正当竞争法的规定处理；反不正当竞争法未作规定的，由工商行政管理机关处以非法经营额两倍以上五倍以下的罚款。

销售、供应未经检验合格的种苗或者未附具标签、质量检验合格证、检疫合格证的种苗的，依照刑法关于生产、销售伪劣种子罪或者其他罪的规定，依法追究刑事责任；尚不够刑事处罚的，由县级以上人民政府林业、农业行政主管部门或者工商行政管理机关依照种子法的规定处理；种子法未作规定的，由县级以上人民政府林业、农业行政主管部门依据职权处以非法经营额两倍以上五倍以下的罚款。

供应补助粮食的企业向退耕还林者供应不符合国家质量标准的补助粮食的，由县级以上人民政府粮食行政管理部门责令限期改正，可以处非法供应的补助粮食数量乘以标准口粮单价一倍以下的罚款。供应补助粮食的企业将补助粮食折算成现金或者代金券支付的，或者回购补助粮食的，由县级以上人民政府粮食行政管理部门责令限期改正，可以处折算现金额、代金券额或者回购粮食价款一倍以下的罚款。

退耕还林者擅自复耕，或者林粮间作、在退耕还林项目实施范围内从事滥采、乱挖等破坏地表植被的活动的，依照刑法关于非法占用农用地罪、滥伐林木罪或者其他罪的规定，依法追究刑事责任；尚不够刑事处罚的，由县级以上人民政府林业、农业、水利行政主管部门依照森林法、草原法、水土保持法的规定处罚。

以案释法 17

郎某诉某区人民政府退耕还林行政给付案

2002年国家实施退耕还林政策，原告郎某积极响应，与村委会签订《耕地承包合同书》《退耕还林承包协议书》，与区人民政府委托的镇政府签订了《A 省退耕还林工程造林合同书》，实施造林，完成造林面积147亩。郎某先后办理了《农村集体土地承包经营权证》《退耕还林证》等相关法律手续。按照国家退耕还林政策，被告应给予原告粮食和现金补助230元／亩。2003~2005年被告将国家下拨的补助款足额发放给原告，其中截留了部分，2006年补助款至今未发。被告的行为侵害了原告的合法权益，请求判令被告支付原告2006年度及2003~2005年度被截留的退耕还林补助款合计人民币69090元。

 释解

根据退耕还林条例有关规定，区人民政府对退耕还林者有给付退耕还林补助款的法定义务。郎某与村委会签订了《耕地承包合同书》，领取了《农村集体土地承包经营权证》，依法取得退耕还林土地的承包经营权。其后，郎某与区人民政府签订了《A省退耕还林工程造林合同书》，完成了造林任务，省退耕还林办公室给原告颁发了《退耕还林证》。原告履行了合同确定的义务，属于退耕还林补助款的给付对象。区人民政府应当按照其与郎某签订的合同确定的内容，按时足额将退耕还林补助款发放给郎某。本案中，区人民政府将国家下拨的补助款如数拨付至镇人民政府，委托镇政府发放给原告。镇政府在向原告发放退耕还林补助款时，截留了部分退耕还林补助款，违反了退耕还林条例的规定。法院经审理后依法作出判决，维护原告的合法权益。

第五节　探矿权、采矿权转让管理

一、适用范围
除按照下列规定可以转让外，探矿权、采矿权不得转让：

第一，探矿权人有权在划定的勘查作业区内进行规定的勘查作业，有权优先取得勘查作业区内矿产资源的采矿权。探矿权人在完成规定的最低勘查投入后，经依法批准，可以将探矿权转让他人。

第二，已经取得采矿权的矿山企业，因企业合并、分立，与他人合资、合作经营，或者因企业资产出售以及有其他变更企业资产产权的情形，需要变更采矿权主体的，经依法批准，可以将采矿权转让他人采矿。

二、管理体制
国务院地质矿产主管部门和省、自治区、直辖市人民政府地质矿产主管部门是探矿权、采矿权转让的审批管理机关。国务院地质矿产主管部门负责由其审批发证的探矿权、采矿权转让的审批。省、自治区、直辖市人民政府地质矿产主管部门负责本条第二款规定以外的探矿权、采矿权转让的审批。

三、转让条件及审批过程

转让探矿权，应当具备下列条件：第一，自颁发勘查许可证之日起满两年，或者在勘查作业区内发现可供进一步勘查或者开采的矿产资源；第二，完成规定的最低勘查投入；第三，探矿权属无争议；第四，按照国家有关规定已经缴纳探矿权使用费、探矿权价款；第五，国务院地质矿产主管部门规定的其他条件。

转让采矿权，应当具备下列条件：第一，矿山企业投入采矿生产满一年；第二，采矿权属无争议；第三，按照国家有关规定已经缴纳采矿权使用费、采矿权价款、矿产资源补偿费和资源税；第四，国务院地质矿产主管部门规定的其他条件。国有矿山企业在申请转让采矿权前，应当征得矿山企业主管部门的同意。

探矿权或者采矿权转让的受让人，应当符合《矿产资源勘查区块登记管理办法》或者《矿产资源开采登记管理办法》规定的有关探矿权申请人或者采矿权申请人的条件。

探矿权人或者采矿权人在申请转让探矿权或者采矿权时，应当向审批管理机关提交下列资料：第一，转让申请书；第二，转让人与受让人签订的转让合同；第三，受让人资质条件的证明文件；第四，转让人具备本办法第五条或者第六条规定的转让条件的证明；第五，矿产资源勘查或者开采情况的报告；第六，审批管理机关要求提交的其他有关资料。国有矿山企业转让采矿权时，还应当提交有关主管部门同意转让采矿权的批准文件。探矿权转让申请书、采矿权转让申请书的格式，由国务院地质矿产主管部门统一制定。

转让国家出资勘查所形成的探矿权、采矿权的，必须进行评估。国家出资勘查形成的探矿权、采矿权价款，由具有矿业权评估资质的评估机构进行评估；评估报告报探矿权、采矿权登记管理机关备案。

申请转让探矿权、采矿权的，审批管理机关应当自收到转让申请之日起四十日内，作出准予转让或者不准转让的决定，并通知转让人和受让人。准予转让的，转让人和受让人应当自收到批准转让通知之日起六十日内，到原发证机关办理变更登记手续；受让人按照国家规定缴纳有关费用后，领取勘查许可证或者采矿许可证，成为探矿权人或者采矿权人。批准转让的，转让合同自批准之日起生效。不准转让的，审批管理机关应当说明理由。审批管理机关批准转让探矿权、采矿权后，应当及时通知原发证机关。探矿权、采矿权转让后，探矿权人、采矿权人的权利、义务随之转移。

四、法律后果

探矿权、采矿权转让后，勘查许可证、采矿许可证的有效期限，为原勘查许可证。采矿许可证的有效期减去已经进行勘查、采矿的年限的剩余期限。

未经审批管理机关批准，擅自转让探矿权、采矿权的，由登记管理机关责令改正，没收违法所得，处10万元以下的罚款；情节严重的，由原发证机关吊销勘查许可证、采矿许可证。

违反规定，以承包等方式擅自将采矿权转给他人进行采矿的，由县级以上人民政府负责地质矿产管理工作的部门按照国务院地质矿产主管部门规定的权限，责令改正，没收违法所得，处10万元以下的罚款；情节严重的，由原发证机关吊销采矿许可证。

审批管理机关工作人员徇私舞弊、滥用职权、玩忽职守，构成犯罪的，依法追究刑事责任；尚不构成犯罪的，依法给予行政处分。

第六节　地质勘查资质管理

一、一般规定

国务院国土资源主管部门和省、自治区、直辖市人民政府国土资源主管部门依照本条例的规定，负责地质勘查资质的审批颁发和监督管理工作。市、县人民政府国土资源主管部门依照本条例的规定，负责本行政区域地质勘查资质的有关监督管理工作。

地质勘查资质分为综合地质勘查资质和专业地质勘查资质。综合地质勘查资质包括区域地质调查资质，海洋地质调查资质，石油天然气矿产勘查资质，液体矿产勘查资质（不含石油），气体矿产勘查资质（不含天然气），煤炭等固体矿产勘查资质和水文地质、工程地质、环境地质调查资质。专业地质勘查资质包括地球物理勘查资质、地球化学勘查资质、航空地质调查资质、遥感地质调查资质、地质钻（坑）探资质和地质实验测试资质。

区域地质调查资质、海洋地质调查资质、石油天然气矿产勘查资质、气体矿产勘查资质（不含天然气）、航空地质调查资质、遥感地质调查资质和地质实验测试资质分为甲级、乙级两级；其他地质勘查资质分为甲级、乙级、丙级三级。

任何单位和个人对违反本条例规定从事地质勘查活动的行为，都有权向国土资源主管部门进行举报。接到举报的国土资源主管部门应当依法调查处理，并为举报人保密。

二、申请与受理

（一）申请地质勘查资质的单位应具备的基本条件

申请地质勘查资质的单位，应当具备下列基本条件：第一，具有企业或者事业单位法人资格；第二，有与所申请的地质勘查资质类别和资质等级相适应的具有资格的勘查技术人员；第三，有与所申请的地质勘查资质类别和资质等级相适应的勘查设备、仪器；第四，有与所申请的地质勘查资质类别和资质等级相适应的质量管理体系和安全生产管理体系。不同地质勘查资质类别和资质等级的具体标准与条件，由国务院国土资源主管部门规定。

（二）由国务院国土资源主管部门审批颁发的地质勘查资质

下列地质勘查资质，由国务院国土资源主管部门审批颁发：第一，海洋地质调查资质、石油天然气矿产勘查资质、航空地质调查资质；第二，其他甲级地质勘查资质。其他地质勘查资质，由省、自治区、直辖市人民政府国土资源主管部门审批颁发。

（三）申请地质勘查资质应当提交的材料

申请地质勘查资质的单位，应当向审批机关提交下列材料：第一，地质勘查资质申请书；第二，法人资格证明文件；第三，勘查技术人员名单、身份证明、资格证书和技术负责人的任职文件；第四，勘查设备、仪器清单和相应证明文件；第五，质量管理体系和安全生产管理体系的有关文件。申请单位应当对申请材料的真实性负责。

地质勘查资质申请的受理，依照《中华人民共和国行政许可法》的有关规定办理。

三、审查与决定

审批机关应当自受理地质勘查资质申请之日起二十个工作日内完成审查。经审查符合条件的，审批机关应当予以公示，公示期不少于十个工作日。公示期满无异议的，予以批准，并在十个工作日内颁发地质勘查资质证书；有异议的，应当在十个工作日内通知申请单位提交相关说明材料。经审查不符合条件的，审批机关应当书面通知申请单位，并说明理由。审批机关应当将颁发的地质勘查资质证书及时向社会公告，并为公众查阅提供便利。

地质勘查资质证书主要包括下列内容：第一，单位名称、住所和法定代表人；第二，地质勘查资质类别和资质等级；第三，有效期限；第四，发证机关、发证日期和证书编号。地质勘查资质证书式样，由国务院国土资源主管部门规定。

地质勘查单位变更单位名称、住所或者法定代表人的，应当自工商变更登记或者事业单位变更登记之日起二十个工作日内，到原审批机关办理地质勘查资质证书变更手续。地质勘查单位因合并、分立或者其他原因变更地质勘查资质证书规定的资质类别或者资质等级的，应当依照本条例的规定重新申请资质。

地质勘查单位因解散或者其他原因终止从事地质勘查活动的，应当自终止之日起十个工作日内，到原审批机关办理地质勘查资质证书注销手续。逾期不办理的，审批机关予以注销。

取得甲级地质勘查资质的单位，可以从事本类别所有的地质勘查活动。取得乙级和丙级地质勘查资质的单位，可以从事的地质勘查活动的范围由国务院国土资源主管部门规定。

地质勘查资质证书有效期为五年。地质勘查资质证书有效期届满，地质勘查单位继续从事地质勘查活动的，应当于地质勘查资质证书有效期届满三个月前，向原审批机关提出延续申请。审批机关应当在地质勘查资质证书有效期届满前做出是否准予延续的决定；逾期未做决定的，视为准予延续。

四、监督管理

县级以上人民政府国土资源主管部门应当加强对地质勘查活动的监督检查。县级以上人民政府国土资源主管部门进行监督检查，可以查阅或者要求地质勘查单位提供与地质勘查资质有关的材料。地质勘查单位应当如实提供有关材料，不得拒绝和阻碍监督检查。

监督检查人员进行监督检查，应当出示证件，为被检查单位保守技术秘密和业务秘密，并对监督检查的内容、发现的问题以及处理情况做出记录，由监督检查人员和被检查单位的有关负责人签字确认。被检查单位的有关负责人拒绝签字的，监督检查人员应当将有关情况记录在案。

审批机关应当建立、健全地质勘查单位的执业档案管理制度。执业档案应当记录地质勘查单位的执业经历、工作业绩、职业信誉、检查评议、社会投诉和违法行为等情况。

审批机关在监督检查中发现地质勘查单位不再符合地质勘查资质证书规定的资质类别或者资质等级相应条件的，应当责令其限期整改。

有下列情形之一的，审批机关应当撤销地质勘查资质证书：第一，审批机关工作人员滥用职权、玩忽职守颁发地质勘查资质证书的；第二，超越法定职权颁发地质勘查资质证书的；第三，违反法定程序颁发地质勘查资质证书的；第四，对不符合本条例规定条件的申请单位颁发地质勘查资质证书的。

地质勘查单位遗失地质勘查资质证书的，应当在全国范围内公告，公告期不少于三十日。公告期满后，方可到原审批机关办理补证手续。

地质勘查单位不得超越地质勘查资质证书规定的资质类别或者资质等级从事地质勘查活动，不得出具虚假地质勘查报告。地质勘查单位不得转包其承担的地质勘查项目，不得允许其他单位以本单位的名义从事地质勘查活动。地质勘查单位在委托方取得矿产资源勘查许可证、采矿许可证前，不得为其进行矿产地质勘查活动。任何单位和个人不得伪造、变造、转让地质勘查资质证书。

五、法律责任

县级以上人民政府国土资源主管部门及其工作人员违反本条例规定，有下列情形之一的，对直接负责的主管人员和其他直接责任人员依法给予处分；直接负责的主管人员和其他直接责任人员构成犯罪的，依法追究刑事责任：第一，对不符合本条例规定条件的申请单位颁发地质勘查资质证书，或者超越法定职权颁发地质勘查资质证书的；第二，对符合本条例规定条件的申请单位不予颁发地质勘查资质证书，或者不在法定期限内颁发地质勘查资质证书的；第三，发现违反本条例规定的行为不予查处，或者接到举报后不依法处理的；第四，在地质勘查资质审批颁发和监督管理中有其他违法行为的。

地质勘查单位在资质申请过程中隐瞒真实情况或者提供虚假材料的，审批机关不予受理或者不予颁发地质勘查资质证书，并给予警告。地质勘查单位以欺骗、贿赂等不正当手段取得地质勘查资质证书的，由原审批机关予以撤销，处2万元以上10万元以下的罚款；构成犯罪的，依法追究刑事责任。

未取得地质勘查资质证书，擅自从事地质勘查活动，或者地质勘查资质证书有效期届满，未依照《地质勘查资质管理条例》的规定办理延续手续，继续从事地质勘查活动的，由县级以上人民政府国土资源主管部门责令限期改正，处5万元以上20万元以下的罚款；有违法所得的，没收违法所得。

地质勘查单位变更单位名称、住所或者法定代表人，未依照本条例规定办理地质勘查资质证书变更手续的，由原审批机关责令限期改正；逾期不改正的，暂扣或者吊销地质勘查资质证书。

地质勘查单位有下列行为之一的，由县级以上人民政府国土资源主管部门责令限期改正，处5万元以上20万元以下的罚款；有违法所得的，没收违法所得；逾期不改正的，由原审批机关吊销地质勘查资质证书：第一，不按照地质勘查资质证书规定的资质类别或者资质等级从事地质勘查活动的；第二，出具虚假地质勘查报告的；第三，转包其承担的地质勘查项目的；第四，允许其他单位以本单位的名义从事地质勘查活动的；第五，在委托方取得矿产资源勘查许可证、采矿许可证前，为其进行矿产地质勘查活动的。

地质勘查单位在接受监督检查时，不如实提供有关材料，或者拒绝、阻碍监督检查的，由县级以上人民政府国土资源主管部门责令限期改正；逾期不改正的，由原审批机关暂扣或者吊销地质勘查资质证书。

地质勘查单位被责令限期整改，逾期不整改或者经整改仍不符合地质勘查资质证书规定的资质类别或者资质等级相应条件的，由原审批机关暂扣或者吊销地质勘查资质证书。

伪造、变造、转让地质勘查资质证书的，由县级以上人民政府国土资源主管部门收缴或者由原审批机关吊销伪造、变造、转让的地质勘查资质证书，处5万元以上20万元以下的罚款；有违法所得的，没收违法所得；构成违反治安管理行为的，由公安机关依法给予治安管理处罚；构成犯罪的，依法追究刑事责任。

违反规定被依法吊销地质勘查资质证书的单位，自吊销之日起一年内不得重新申请地质勘查资质。

附录

国土资源管理系统
开展法治宣传教育的第七个五年规划
（2016—2020年）

为认真贯彻落实中共中央、国务院转发的《中央宣传部司法部关于在公民中开展法治宣传教育的第七个五年规划（2016—2020年）》、《全国人大常委会关于开展第七个五年法治宣传教育的决议》和《中共国土资源部党组关于全面推进法治国土建设的意见》、《国土资源"十三五"规划纲要》，全面推进法治国土建设，不断提升国土资源法治宣传教育工作水平，制定本规划。

一、指导思想、主要目标和工作原则

（一）指导思想

以马克思列宁主义、毛泽东思想、邓小平理论、"三个代表"重要思想、科学发展观为指导，深入学习贯彻习近平总书记系列重要讲话精神和治国理政新理念新思想新战略，统筹推进"五位一体"总体布局和协调推进"四个全面"战略布局，全面贯彻依法治国基本方略，紧紧围绕党中央国务院关于国土资源管理的决策部署，坚持"尽职尽责保护国土资源，节约集约利用国土资源，尽心尽力维护群众权益"的工作定位，在全系统牢固树立社会主义法治信仰，大力提高法治素养，努力培育法治文化，切实推动法治实践，为"十三五"时期经济社会发展创造良好的国土资源法治环境。

（二）主要目标

按照建成"法制完备、职能科学、权责统一的国土资源管理体系，执法严明、勤政廉洁、敢于担当的国土资源管理队伍，法治统筹、公正文明、守法诚信的国土资源管理秩序"的要求，把法治宣传教育贯穿到国土资源管理的各个环节。坚持与时俱进、创新方法、注重实效，使国土资源管理系统厉行法治的积极性和主动性不断提高，全社会资源国情意识和国土资源法治意识进一步增强，推进国土资源领域矛盾纠纷依法化解，形成保护和合理利用国土资源的良好氛围。

（三）工作原则

"七五"期间，国土资源管理系统开展法治宣传教育应当遵循以下原则：

围绕中心，服务大局。坚持创新、协调、绿色、开放、共享的发展理念，按照法治国土建设的要求，深入开展国土资源法治宣传教育，全力服务保护资源、保障发展、维护权益等中心工作，努力为国土资源管理营造良好法治环境。

创新形式，注重实效。要与经济社会发展形势和国土资源改革发展任务紧密结合，不断拓展思路，创新方式方法，推动国土资源法治宣传教育工作不断把握规律性、体现时代性、富于创造性，切实提高工作成效。

突出重点，加强引导。把国土资源管理系统领导干部带头学法、模范守法作为树立法治意识的关键；突出国土资源管理重点岗位和关键环节，规范制约国土资源行政权力运行；加强对农村集体经济组织负责人、农村村民的普法宣传；利用青少年法治教育平台开展资源国情教育和国土安全教育，引导青少年从小树立保护和合理有效利用国土资源的理念。

以人为本，服务群众。从群众利益出发谋划和推动国土资源法治宣传教育工作，解决人民群众关心的热点、难点问题；采用群众喜闻乐见、易于接受的方式开展法治宣传教育，引导社会群众自觉学习、遵守、运用国土资源法律。

二、主要任务

（一）牢固树立社会主义法治信仰

1. 深入学习宣传习近平总书记关于全面依法治国的重要论述。增强走中国特色社会主义道路的自觉性和坚定性，增强厉行法治的积极性和主动性。要深入学习《中共中央关于全面推进依法治国若干重大问题的决定》和《法治政府实施纲要（2015—2020年）》等以习近平同志为总书记的党中央关于全面依法治国的重要部署，以及科学立法、严格执法、公正司法、全民守法和党内法规建设的生动实践，更好地发挥法治宣传教育在全面依法治国中的基础性作用。要深入学习宣传习近平总书记对国土资源管理和生态文明建设等方面的重要指示精神，在法治宣传教育工作中牢固树立严格保护和合理利用国土资源的意识，弘扬法治精神，彰显法治权威。

2. 深入学习宣传党内法规。要适应全面从严治党、依规治党新形势新要求，针对国土资源领域廉政风险大、腐败案件易发高发的现状，切实加大党内法规宣传力度，进一步加强廉政和惩防体系建设。突出宣传党章，大力宣传《关于新形势下党内政治生活的若干准则》、《中国共产党廉洁自律准则》、《中国共产党纪律处分条例》、《中国共产党党内监督条例》等各项党内法规，注重党内法规宣传与国家法律宣传的衔接和协调，坚持纪在法前、纪严于法，把纪律和规矩挺在前面，教育引导全系统广大党员做党章党规党纪和国家法律的自觉尊崇者、模范遵守者、坚定捍卫者。

（二）全面提高法治素养

1. 全面学习宣传以宪法为核心的中国特色社会主义法律体系。要把学习宣传宪法摆在首要位置，大力宣传宪法的基本内容、基本原则和依宪治国、依宪执政等理念，弘扬宪法精神，树立宪法权威。要全面实行国土资源管理系统国家工作人员宪法宣誓制度，使宪法精神内化为全系统依法行政的行为准则。要深入学习《行政强制法》、《行政许可法》、《行政处罚法》、《行政诉讼法》、《行政复议法》、《国家赔偿法》等行政基本法，强化学习和贯彻《政府信息公开条例》、《行政复议法实施条例》和《信访条例》等，全面提升行政法律能力和水平，推动全系统牢固树立"法定职责必须为，法无授权不可为"的意识。要更加注重弘扬法治精神，培育法治思维和法治意识，大力宣传宪法法律至上、法律面前人人平等、权由法定、权依法使等基本法治理念，努力形成办事依法、遇事找法、解决问题用法、化解矛盾靠法的良好法治氛围。

2. 重点学习并熟练掌握国土资源管理法律法规。要认真学习《土地管理法》、《城市房地产管理法》、《矿产资源法》、《不动产登记暂行条例》、《基本农田保护条例》、《土地复垦条例》等国土资源管理法律法规，深入学习与土地、矿产资源管理密切相关的《物权法》、《农村土地承包法》、《国家安全法》、《资产评估法》等其他重要法律，熟练掌握国土资源管理法律法规的核心要义和基本内容，履行好法定职责，切实保护公民、法人或者其他组织的合法权益。全系统法治工作人员要认真学习《立法法》、《行政法规制定程序条例》、《规章制定程序条例》、《法规规章备案条例》等规范立法工作的法律法规，提高立法科学化、民主化水平。

3. 坚持领导干部带头学法，健全完善学法制度。要坚持把领导干部带头学法、模范守法作为树立法治意识的关键。推动全系统各级领导干部带头学习宪法和法律，带头厉行法治、依法办事，切实提高运用法治思维和法治方式深化改革、推动发展、化解矛盾、维护稳定的能力，做尊法学法守法用法的模范。要健全完善党组（党委）中心组学法制度，把宪法法律纳入年度党组（党委）中心组学习计划，每年至少组织一次党组（党委）法律学习。要建立会前学法、法制讲座学法、重大决策前专题学法等制度，把领导干部学法等各项要求落到实处。要健全完善日常学法制度，建立常态化的法律培训，把法治教育课程纳入国土资源管理系统各级培训中，建立年度法律知识考试制度。要把学法用法情况列入公务员年度考核的重要内容。领导班子和领导干部在年度考核述职中要围绕法治学习情况、重大事项依法决策情况、依法履职情况等进行述法。

（三）努力培育国土资源法治文化

1. 在全社会大力营造国土资源法治氛围。继续开展"送法工程"，利用"4·22世界地球日"、"6·25全国土地日"、"12·4国家宪法日"等专题活动，拓展国土资源管理系统"法律六进"范围。将每年的12月作为"国土资源法治宣教月"，加大国土资源法律法规政策的集中宣传力度。在保持传统媒体普法优势的基础上，加强微信、微博、论坛、远程教育等新媒体普法活动，扩大法治宣传教育的覆盖面，增强法治宣传教育的吸引力、感染力，做到国土资源法律法规社会知晓，国土资源基本国策和国土安全意识深入人心，提高全社会依法保护、合理利用国土资源的自觉性。适应我国对外开放和格局国际交流合作需要，加强国土资源法治对外宣传工作。

2.积极推进国土资源法治文化建设。在宣传法律知识、弘扬法治精神的同时，要积极推进国土资源法治文化建设，充分发挥法治文化的引领、熏陶作用，使人民群众从内心拥护法律，真诚信仰法律。要鼓励国土资源法治文化作品创作，通过媒体刊发、集中展示、组织观展等形式大力推介优秀国土资源法治文化作品。加大法治国土建设典型宣传力度，发挥正面典型的示范激励和反面典型警示教育作用，打造国土资源管理系统法治文化软实力。

3.不断提升国土资源法治宣传成效。要创新法治宣传思路，科学分析法治宣传工作面临的新形势新任务，精准研判人民群众对国土资源法治宣传工作的新需求，更多地以人民群众喜闻乐见、易于接受的内容和方式开展宣传。要建立以案释法制度，在行政审批、行政执法、行政复议和应诉、信息公开、信访工作实践中，大力宣传国土资源管理法律法规，引导人民群众依法表达诉求，使行政执法和纠纷解决过程成为向社会弘扬法治精神的过程。要完善法治宣传与舆情监测的联动机制，及时抓住人民群众关注的国土资源舆论热点难点问题，组织开展有针对性的法治宣传，回应人民群众关切。要推进"互联网＋法治宣传"行动，推动全系统法治宣传教育资源开发和共享。

（四）切实推进国土资源法治实践

1.加强和改进国土资源制度建设。完善立法工作机制，拓展社会各方有序参与立法的途径和方式，不断提高制度建设质量。完善规范性文件制定程序，严格落实规范性文件合法性审查、集体讨论决定等制度，全面实行规范性文件统一登记、统一编号、统一发布的"三统一"制度。实行规章和规范性文件"实时清理、自动更新"机制，规范法律、行政法规和规章的应用解释工作。

2.进一步推进国土资源决策科学化、民主化、法治化。完善重大行政决策程序制度，明确决策主体、事项范围、法定程序、法律责任，规范决策流程，强化决策法定程序的刚性约束。建立国土资源主管部门内部重大决策合法性审查机制，未经合法性审查或者经审查不合法的，不得提交讨论。落实《中共中央办公厅国务院办公厅关于推行法律顾问制度和公职律师公司律师制度的意见》要求，2017年底前县级以上国土资源主管部门要普遍设立法律顾问，省级以上以及具备条件的市级国土资源主管部门普遍设立公职律师。讨论决定重大事项之前，应当听取法律顾问和公职律师的意见。

3.坚持严格规范公正文明执法。规范行政审批，严格执行行政审批事项目录清单管理，全面推行一个窗口办理、并联办理、限时办理、规范办理、透明办理、网上办理，积极推进行政审批标准化、制度化，做到"零超时"。创新监管方式，在全系统全面推行"双随机、一公开",确保监管公平规范。推行执法公示制度,落实行政许可、行政处罚的"双公示"制度。全面落实执法责任制,严格确定不同岗位执法人员的执法责任,建立常态化的责任追究机制。

4.依法妥善化解国土资源行政争议。要健全行政复议案件审理机制,坚持对被申请人做出的行政行为的合法性进行全面审查,对违法或者不当的要坚决予以撤销或者确认违法。要加强对行政复议工作的指导和监督,完善行政复议案件的统计分析和反馈制度,健全行政复议责任追究制度,推进行政复议决定书网上公开。要健全行政应诉工作机制,明确行政应诉的职责划分,依法认真做好行政应诉答辩和举证工作,支持人民法院依法受理和审理行政案件,积极履行人民法院生效判决,自觉接受司法监督。要加强行政复议和行政应诉能力建设,确保机构设置、人员配备与工作任务相适应。把信访纳入法治化轨道,不断完善通过法定途径处理的信访投诉请求清单,依法分类处理信访诉求,引导人民群众在法治框架内解决矛盾纠纷。

三、工作安排

本规划从2016年开始实施,到2020年结束。分为3个阶段:

(一)宣传准备阶段

2016年年底前,各省级国土资源主管部门根据本规划,研究制定本省(区、市)国土资源"七五"法治宣传教育规划,调整普法领导机构,确定普法工作联络员,报送国土资源部普法办公室备案。

(二)组织实施阶段

2017年1月至2020年6月,地方各级国土资源主管部门要结合实际,依据规划确定的目标任务和要求,制定计划,认真组织实施,开展经验交流、年度考核评估和阶段性抽查,确保规划全面贯彻落实。2017年,国土资源部组织开展全系统的行政基本法律学习活动。2018年,国土资源部组织开展中期检查督导和通报表扬。

(三)检查验收阶段

2020年下半年,根据全国普法办的统一部署,国土资源部制定总结验收方案和标准,组织开展国土资源管理系统"七五"法治宣传教育总结验收,对先进单位和先进个人进行通报表扬。

四、实施要求

(一)健全领导机制

加强对法治宣传教育工作的组织领导和保障,按照"一把手负总责,分管领导具体抓"的要求,各级国土资源主管部门党组(党委)对本部门法治宣传教育工作负总责,党政主要负责人是第一责任人,分管领导要具体抓、亲自抓。各级国土资源主管部门要根据班子成员变动情况及时调整法治宣传教育工作领导机构,健全普法办事机构,进一步明确工作职责,落实任务分工。上级国土资源主管部门要定期听取下级国土资源主管部门法治宣传教育工作汇报，及时研究解决工作中的重大问题。

（二）完善工作制度

按照"业务机构是主体，法治机构要统筹"的要求，明确具有行政执法职责的业务机构是普法责任主体，推动落实"谁执法谁普法"责任制，法治机构做好统筹规划、综合协调、督促指导、考核评价。普法联络员要协助普法工作领导机构具体承担法治宣传年度计划的组织落实和上传下达、沟通联络工作。建立法治宣传教育工作经费保障制度，将工作经费列入财政预算。积极利用社会资金和社会力量开展国土资源法治宣传教育，鼓励用政府购买服务等方式开展普法宣传。整合普法资源，努力构建国土资源管理系统内外联动的大普法格局。

（三）强化考核评价

结合本规划实施进展以及年度计划开展情况，逐步建立领导干部法律素质基准及评价体系和普法工作目标量化指标考核体系，有条件的地方可以探索开展第三方评估。不断创新奖惩激励机制，将领导干部尊法学法守法用法情况、普法规划落实情况、普法工作进展情况作为国土资源管理工作目标考核的重要内容，进行量化考核和动态评估，作为改革试点选择、职务晋升和年度评先评优等的重要依据，充分发挥考核评价对国土资源法治宣传教育的推动作用。

中共中央办公厅、国务院办公厅印发
《关于实行国家机关"谁执法谁普法"普法责任制的意见》

　　国家机关是国家法律的制定和执行主体，同时肩负着普法的重要职责。党的十八届四中全会明确提出实行国家机关"谁执法谁普法"的普法责任制。为健全普法宣传教育机制，落实国家机关普法责任，进一步做好国家机关普法工作，现就实行国家机关"谁执法谁普法"普法责任制提出如下意见。

一、总体要求
（一）指导思想

　　认真贯彻落实党的十八大和十八届三中、四中、五中、六中全会精神，坚持以邓小平理论、"三个代表"重要思想、科学发展观为指导，深入贯彻落实习近平总书记系列重要讲话精神和治国理政新理念新思想新战略，紧紧围绕统筹推进"五位一体"总体布局和协调推进"四个全面"战略布局，全面贯彻落实党中央关于法治宣传教育的决策部署，按照"谁执法谁普法"的要求，进一步明确国家机关普法职责任务，健全工作制度，加强督促检查，不断推进国家机关普法工作深入开展，努力形成党委统一领导，部门分工负责、各司其职、齐抓共管的工作格局，为全面依法治国作出积极贡献。

（二）基本原则

　　——坚持普法工作与法治实践相结合。把法治宣传教育融入法治实践全过程，在法治实践中加强法治宣传教育，不断提高国家机关法治宣传教育的实际效果。

　　——坚持系统内普法与社会普法并重。国家机关在履行好系统内普法责任的同时，积极承担面向社会的普法责任，努力提高国家工作人员法律素质，增强社会公众的法治意识。

　　——坚持条块结合、密切协作。国家机关普法实行部门管理与属地管理相结合，加强部门与地方的衔接配合，完善分工负责、共同参与的普法工作机制，形成普法工作合力。

　　——坚持从实际出发、注重实效。立足国家机关实际，结合部门工作特点，创新普法理念、工作机制和方式方法，积极推动各项普法责任的落实，切实增强普法的针对性和实效性。

二、职责任务

（一）建立普法责任制。国家机关要把普法作为推进法治建设的基础性工作来抓，纳入本部门工作总体布局，做到与其他业务工作同部署、同检查、同落实。按照普法责任制的要求，制定本部门普法规划、年度普法计划和普法责任清单，明确普法任务和工作要求。建立健全普法领导和工作机构，明确具体责任部门和责任人员。

（二）明确普法内容。深入学习宣传习近平总书记关于全面依法治国的重要论述，宣传以习近平同志为核心的党中央关于全面依法治国的重要部署。突出学习宣传宪法，弘扬宪法精神，树立宪法权威。深入学习宣传中国特色社会主义法律体系，深入学习宣传与本部门职责相关的法律法规，增强国家工作人员依法履职能力，特别是领导干部运用法治思维和法治方式开展工作的能力，提高社会公众对相关法律法规的知晓度。深入学习宣传党内法规，增强广大党员党章党规党纪意识。坚持普治并举，积极推进国家机关法治实践活动，不断提高社会治理法治化水平。

（三）切实做好本系统普法。健全完善国家机关党组（党委）理论学习中心组学法制度，坚持领导干部带头尊法学法守法用法。健全完善日常学法制度，推进国家工作人员学法经常化。加强对国家工作人员的法治培训，把宪法法律和党内法规作为重要内容，建立新颁布的国家法律和党内法规学习培训制度，不断提高培训质量。加强对国家工作人员学法用法的考试考核，完善评估机制。大力开展"法律进机关"、机关法治文化建设等活动，营造良好的机关学法氛围。

（四）充分利用法律法规规章和司法解释起草制定过程向社会开展普法。在法律法规规章和司法解释起草制定过程中，对社会关注度高、涉及公众切身利益的重大事项，要广泛听取公众意见。除依法需要保密的外，法律法规规章和司法解释草案要向社会公开征求意见，并说明相关制度设计，动员社会各方面广泛参与。加强与社会公众的沟通，及时向社会通报征求意见的有关情况，增强社会公众对法律的理解和认知。法律法规规章和司法解释出台后，以通俗易懂的语言将公民、法人和其他组织的权利义务、权利救济方式等主要内容，通过政府网站、新闻媒体公布或在公共场所陈列，方便社会公众理解掌握。

（五）围绕热点难点问题向社会开展普法。执法司法机关在处理教育就业、医疗卫生、征地拆迁、食品安全、环境保护、安全生产、社会救助等群众关心的热点难点问题过程中，要加强对当事人等诉讼参与人、行政相对人、利害关系人以及相关重点人群的政策宣讲和法律法规讲解，把矛盾纠纷排查化解与法律法规宣传教育有机结合起来，把普法教育贯穿于事前、事中、事后全过程，让群众在解决问题中学习法律知识，树立法律面前人人平等、权利义务相一致等法治观念。针对网络热点问题和事件，组织执法司法人员和专家学者进行权威的法律解读，组织普法讲师团、普法志愿者广泛开展宣传讲解，弘扬法治精神，正确引导舆论。

（六）建立法官、检察官、行政执法人员、律师等以案释法制度。法官、检察官在司法办案过程中要落实好以案释法制度，利用办案各个环节宣讲法律，及时解疑释惑。判决书、裁定书、抗诉书、决定书等法律文书应当围绕争议焦点充分说理，深入解读法律。要通过公开开庭、巡回法庭、庭审现场直播、生效法律文书统一上网和公开查询等生动直观的形式，开展以案释法。行政执法人员在行政执法过程中，要结合案情进行充分释法说理，并将行政执法相关的法律依据、救济途径等告知行政相对人。各级司法行政机关要加强对律师的教育培训，鼓励和支持律师在刑事辩护、诉讼代理和提供法律咨询、代拟法律文书、担任法律顾问、参与矛盾纠纷调处等活动中，告知当事人相关的法律权利、义务和有关法律程序等，及时解答有关法律问题；在参与涉法涉诉信访案件处理过程中，切实做好释法析理工作，引导当事人依法按程序表达诉求，理性维护合法权益，自觉运用法律手段解决矛盾纠纷。审判机关、检察机关、行政执法机关、司法行政机关要加强典型案例的收集、整理、研究和发布工作，建立以案释法资源库，充分发挥典型案例的引导、规范、预防与教育功能。要以法律进机关、进乡村、进社区、进学校、进企业、进单位等为载体，组织法官、检察官、行政执法人员、律师开展经常性以案释法活动。

（七）创新普法工作方式方法。在巩固国家机关橱窗、板报等基础宣传阵地的同时，积极探索电子显示屏、电子触摸屏等新型载体在普法宣传中的运用，建好用好法治宣传教育基地，切实将法治教育纳入国民教育体系，在中小学设立法治知识课程。充分发挥广播、电视、报刊等传统媒体优势，不断创新普法节目、专栏、频道，开展形式多样、丰富多彩的法治宣传教育。进一步深化司法公开，依托现代信息技术，打造阳光司法工程。注重依托政府网站、专业普法网站和微博、微信、微视频、客户端等新媒体新技术开展普法活动，努力构建多层次、立体化、全方位的法治宣传教育网络。坚持以社会主义核心价值观为引领，大力加强法治文化建设，在做好日常宣传的同时，充分利用国家宪法日、法律颁布实施纪念日等时间节点，积极组织开展集中普法活动，不断增强法治宣传实效。

三、组织领导

各级党委（党组）要高度重视，切实加强对普法工作的领导。各级国家机关要充分认识普法责任制在健全普法宣传教育机制、推进社会主义法治国家建设中的重要作用，把建立普法责任制摆上重要日程，及时研究解决普法工作中的重大问题，加强人员、经费、物质保障，为普法工作开展创造条件。要把普法责任制落实情况作为法治建设的重要内容，纳入国家机关工作目标考核和领导干部政绩考核，推动本部门普法责任制的各项要求落到实处。上级国家机关要加强对下级国家机关普法责任制建立和落实情况的督促检查，强化工作指导，确保普法工作取得实效。对于综合性法律，各有关部门要加强协调配合，增强法治宣传社会整体效果。

各级司法行政机关和普法依法治理领导小组办公室要充分发挥职能作用，加强对国家机关普法工作的指导检查，对涉及多部门的法律法规，要加强组织协调，形成工作合力。要定期召开联席会议，研究解决部门普法工作遇到的困难和问题，推动普法责任制的落实。要健全完善普法工作考核激励机制，建立考核评估体系，对照年度普法计划和普法责任清单，加强对国家机关普法责任制落实情况的检查考核，对责任落实到位、普法工作成效显著的部门，按照国家有关规定予以表彰奖励；对责任不落实、普法工作目标未完成的部门，予以通报。要注重总结落实普法责任制好的做法，积极推广普法工作好的经验，加强宣传，不断提高国家机关普法工作水平。

各地区各部门要按照本意见精神，研究制定具体措施，认真组织实施。